大人的青春，就該好好揮霍

吳若權

年少的浪擲歲月，是因為無知；
大人的揮霍青春，是想要無憾！

Wisdom Quotes About Time

生命的節奏，
取決於你所選擇的時間刻度、
以及度過每個刻度的方式。

From

Chapter 1 在時間中認識自己／聽見內心時間的鼓聲

Wisdom Quotes About Time

問自己：「這真的是我想要的人生？」
以及「我為什麼要這樣做？」
可以避免落入「多做就是好」的
時間管理陷阱。

From

Chapter 1 在時間中認識自己／Why 比 What 更重要

Wisdom Quotes About Time

成為大人的我們，
鍛鍊努力追求夢想的同時，
也該學著好好享受休閒。

From

Chapter 1 在時間中認識自己／給自己一段無所事事的美好時光

Wisdom Quotes About Time

每天給最愛的人一段時間，
聽他説話，相互陪伴。
這是一項魔法，會讓你忘了時間的存在，
體驗到珍貴的幸福。

From

每日一寺／我把青春付給了你：最珍貴的時間，要留給最愛的人

Wisdom Quotes About Time

成熟人生的時間管理，
不會只是拿回時間主導權而已。
更重要的是：藉由管理時間的過程，
引導自己告別受害者的念頭，
進而成為生命的主人。

From

Chapter 2 夠用就好的時間哲學／賦予自主的意義，化被動為主動

Wisdom Quotes About Time

雖然不必時時刻刻拒人於千里之外，
但一定要學會在某段時間，
與人維持適當的距離，
才能在百忙之中，
依然感覺保留完整的自己。

From

Chapter 2 夠用就好的時間哲學／掛牌公告：請勿打擾

Wisdom Quotes About Time

無論想做什麼努力、想對誰表達愛意，
就請都抱著「只限今天」的心態，
去付諸行動吧！

From

Chapter 2 夠用就好的時間哲學／截止日期效應，倒數計時更給力

Wisdom Quotes About Time

在規劃時間時，排列優先順序的過程，
可以讓自己更加確認：
生活或工作中的事件，
在心中位居怎樣的地位？

From

Chapter 3 輕鬆活出時間的餘裕／在時間罐裡，要優先放入石頭

Wisdom Quotes About Time

正因為沒有太多時間，
所以才要好好利用縫隙中片刻，
再發揮複利的功能，
堆疊加乘學習的效果，
讓自己的能力慢慢變得厚實。

From

Chapter 4 成為時間的魔法師／以定期定額賺取時間複利

Wisdom Quotes About Time

時間管理，就是人生管理。
時間管理，不是要你爭取時間，
去做更多的事。
而是要你只做與自己人生使命有關的事，
並活得自在輕鬆。

From

Chapter 5 因為時間有限而更有情／刪除人生的願望清單

自序

讓人生的每一刻都璀璨

所有時間管理的觀念與技巧，並非指導你如何駕馭時間，而是讓你學會在生命的時間洪流裡，與自己保持和諧的關係。

仰望天光雲影，是我近年來主要的休閒。哪怕只是片刻，就能療癒身心。居住台北，一年到頭陽光普照的日子並不多，空出短暫時間看向窗外，偶爾遇見萬里晴空，會是很奢侈的享受。

全然放空的時候，彷彿靈魂出竅般，時間靜止於永恆，剎那一瞬我也忘了自己是誰。

回想起來，人生有三次印象極為深刻的記憶，是自己一個人駐足於陽光燦爛的停格畫面裡，彷彿帶著全世界的希望與感傷。

青春在歲月中流逝；時光在記憶裡重生

中學時因為成績不佳而輟學一年，經過重考才上了高中。開學第一天，搭乘公車時正好站在司機後方，像是穿越夏末秋初午後的陽光隧道，心中很希望可以一直這樣幸福下去。但畢竟公車還是會有到站停車的時刻，陽光隧道的出口，迎面而來的是準備大學考試的另一場戰役。

那天的片刻璀璨，之所以成為我的永恆記憶，是因為重考補習那年，披星戴月的生活，身心都處在不見天日的黑暗裡。眼看著昔日同學的人生都在繼續往前進，只有自己停滯卡關。

直到重考上高中，開學的那一天午後，我才確定噩夢終於結束，可以繼續前行。

度過年少的低潮憂鬱，人到中年才知道意義非凡。困頓停滯的那一年，卻是心智的快速成長。

第二次陽光燦爛的印象，是花季時陪父母出遊陽明山。那是母親第一次中風後的第五年，平日由我和父親輪流照顧她，正值頻繁的就醫與復健中，難得親子可以同時出門透透氣。

身處百花盛開的陽明山公園，天空透明藍澄得像是電影虛幻的場景，美得好不真實。父親念的是園藝科系，對花草樹木情有獨鍾，暫時放下照顧者的負擔，樂得在林間放鬆。只是萬萬沒想到向來身體健朗的他，竟在回程之後的沒幾天，因為年邁而多重器官衰竭，住院四個月之後離開人世。

接下來的二十幾年，承擔起獨立家庭照顧者的任務，歲月總是有時風雨、有時晴，不曾再有機會認真體驗到那些生命的璀璨。歷經母親第二次中風、罹患多重惡性腫瘤，即使沐浴陽光之中，內心依然幽暗。

年初母親動完一個手術，身體出現嚴重貧血現象，治療半年才慢慢恢復，筋疲力盡的我，渴望一個長假。在夏天來臨前，因緣際會來到睽違三十年的墾丁，雖然只是三天兩夜的旅行，卻帶給心靈無限的滋養。

出發前的氣象預報是連續大雨，抵達後竟奇蹟似地放晴。民宿就在南灣海邊，我漫步沙灘，踩碎投映在浪花的陽光，濺起年少輕狂的燦爛。

自我覺察，讓時間變得有意義

穿越人生不同場景，我一直以外星人的角度，冷眼心暖地看待世間的無常。若不是這樣，又怎能挺過歲月的風霜。似乎徹底忽略年齡的數字，永遠活得像年少時那樣天真勇敢。

在時光的轉角回眸，看見人生不同階段的青春，我發現：**年少的浪擲歲月，是因為無知；大人的揮霍青春，是想要無憾！**

或許，就是因為錯過了很多的片刻，才更能懂得及時把握每一個當下。

從進入職場工作十幾年，到主動選擇成為家庭照顧者。長期從事多元性質的工作，因為熱中學習而擁有幾張國際證照。不只親友覺得訝異，我也感覺

自己好像做了三輩子才能完成的事情。

佛經說的「三世」，是指：過去世、現在世、未來世。然而，我一直相信時間不是線性的，這三世的時空重疊在一起行進。每一次遭遇、每一件發生，都是覺察的提醒，需要心智與靈魂協作，以完成來到地球的使命。

正因為過程中有那麼多的身不由己，所以更需要在每一次的茫然中找回自己。**與其感嘆時間過得飛快，不如想辦法讓過得很快的每一刻，在自我覺察中，變得分分秒秒都有意義。**

「無意識的渾渾噩噩」與「有意識的無所事事」大不同。前者，是在視而不見中苟且；後者，則是在認真以待後放下。仔細端看「時」這個字，左邊是「日」，右邊是「寺」，象徵著時間管理猶如每日的修行，時時刻刻提醒自己精進。

時間管理不只可以提升工作效率，也能增進人生幸福

我從上班第一天，開始接受「時間管理」的訓練，多年後成為一名教授「時間管理」的講師。經歷過無數發生在職場與生活的事件，更加印證「時間管理」是每一個人都值得好好學習與應用的技能。它不只可以提升工作效率，也能夠增進人生幸福。

懂得做好「時間管理」的上班族，即使非常忙碌，都能顯得有條理，因為他知道以下幾個重要的秘密：

一、釐清目標，比執行策略重要：

要先確定是在「做對的事情（Do the right things）」，而不是急著「把事情做對（Do things right）」。人生導航，除了「時鐘」，還需要羅盤。控制進度之前，要先確定方向。

二、先知道「為什麼（why）」，又比「是什麼（what）」更為關鍵：

在風起雲湧中費盡半生戎馬，總要在出發之前，確定自己要去的方向，而這個方向並非人云亦云，必須是符合自己的人生價值。人生的道路，往往殊途同歸，未必每一次都要選擇捷徑，每一段經歷，都有不同的風景，結果得失成敗並不是最重要的，只要過程中都能符合所願，並且心安理得。

「生命的時間管理」，猶如「理財的資產配置」。**你把時間花在哪裡，就會變成哪樣的人。不同的是，投資理財有一定程度的風險，時間管理卻總是能在符合自我價值觀的前提下，保障你不會浪費生命。**

三、只要善待時間，時間也會善待你：

所有時間管理的觀念與技巧，並非指導你如何駕馭時間，**而是讓你學會在生命的時間洪流裡，透過時間與自己保持和諧的關係。**你不必因為取回更多時間，而去做更多的事；但你可以因為擁有更多時間，自己活得更輕鬆，而且有餘裕去愛別人。

過去因為某位藝人劈腿，被新聞媒體冠上「時間管理大師」的稱號，而把「時間管理」污名化。但平心而論，只要看看這位翻車的藝人，沉寂多年才能緩步站起，費盡九牛二虎之力，試圖以新的作品為自己的過去洗白，期待被社會重新接納，就不難明白：**人生，並不公平；但時間，對每一個人都是公平的。**

把握此刻的每一寸光陰；容許放下流逝的每一段歲月

每個人隨著年歲增長，都會覺得時間越過越快。其實，那只是我們對時間的觀感改變，時間流轉的速度仍是千古如常。

日劇《重啟人生》裡有一則金句：「過了三十歲之後，時間過得超快，因為一年的相對時間會變短。」引起網路鄉民熱烈討論，有一位朋友引述相對應的觀點：以七歲小孩來看，一年是人生的七分之一；但從四十歲的大叔的立場來看，一年是人生的四十分之一。同樣的時間，在人生的占比越小，就越容易感覺時間變快。

根據科學研究，大腦用記憶來衡量時間，一旦過著沒有變化、缺乏刺激的日子，就會覺得時間過得比從前更快。美國史丹福大學教授伊格曼（David Eagleman）指出：「大腦耗費更多能量處理新的經驗，留下更多記憶。」若要延緩老化，感覺時間過得慢一點，就必須積極投入陌生的領域，學習新的知識與技能。

但其實時間過得快或慢並非關鍵，我們要的是能夠透過學習，而讓自己活在充實而沒有虛度的感覺裡。

無論你現在幾歲，開始學習時間管理，將會懂得：把握此刻的每一寸光陰；也容許放下流逝的每一段歲月。每一個人從出生起，這輩子的時間就開始就進入倒數。當你能夠領悟，就會更加珍惜。明白自己此生所為何來，帶著覺知的揮霍，並非任性的耗費，而是盡興的瀟灑，讓每一刻都暢快自在。

我們都只是一葉扁舟，漫漫於時間的河流。從學會管理時間，到放下對時間的牽掛，終究重拾心的自由。

《大人的青春，就該好好揮霍》是我出版的第一二〇號作品，這是一本結合心理勵志、靈性探索、商業管理的時間之書，但願可以陪你活出大人青春的璀璨。

14	只要我下定決心，世界上沒有辦不到的事	□	□	□	□	□
15	常有突發狀況，打斷我原本在手邊計劃好正在進行的工作	□	□	□	□	□
16	我很少去想自己二十年後的樣子	□	□	□	□	□
17	我的家人並不真正了解我在追求什麼樣的人生	□	□	□	□	□
18	活在這個社會，必須等到有錢有閒，內心才能得到平靜	□	□	□	□	□
19	有些客戶是「奧客」，為了生意我仍勉強討好他	□	□	□	□	□
20	我的理想和現實沒有交集	□	□	□	□	□

（※評量表設計及製作：吳若權※版權所有，請勿翻印）

總分81分以上　你的時間管理有很大的改善空間，請務必仔細閱讀本書。

總分61~80分　你的時間管理出現了小危機，最好能即早做出調整。

總分41~60分　對於時間管理有基本概念，內容會有些你可以參考的地方！

總分21~40分　你的時間管理很不錯哦！共勉之！

總分20分以下　恭喜，你是位時間管理大師！一起把每天都當作新的修行！

時間管理——自我評量表

（與您的情況越近似者，請勾選數字越大者。）

	評量項目	5	4	3	2	1
1	我忙得幾乎沒有時間和家人相處	□	□	□	□	□
2	在和親密的伴侶相聚時，仍因公事而心神不寧	□	□	□	□	□
3	我認為只要提高工作效率，便能掌控一切，更有成就感	□	□	□	□	□
4	我的工作項目都很緊急，每天就像在救火一樣	□	□	□	□	□
5	百忙中空閒片刻時，會有點慌張不知所措的感覺	□	□	□	□	□
6	每到工作期限迫在眉睫時，都會趕得半死	□	□	□	□	□
7	每年總要到當天才想到要送生日禮物給重要的客戶（或親友）	□	□	□	□	□
8	家人、秘書或助理無法真正分擔或完成我交給他（她）的工作	□	□	□	□	□
9	約會遲到，我會向對方致歉說：對不起，塞車，沒辦法	□	□	□	□	□
10	為了給家人長遠幸福，犧牲短暫的相處是值得的	□	□	□	□	□
11	只要再忍耐幾年，多賺一點錢，就可以早一點退休	□	□	□	□	□
12	我認為越緊急的事，應當越優先處理	□	□	□	□	□
13	下班前看到一桌子雜亂的事被我處理完了，很有成就感	□	□	□	□	□

目錄

Chapter 2 夠用就好的時間哲學

目錄

目錄

Chapter 1

在時間中認識自己

長大以後的我們，常常是越來越忙，

也可能越來茫。

馬不停蹄地落入生活的細瑣，

卻忘了自己真正想要的目標。

聽見內心時間的鼓聲

時間，在每個人的內心裡，都有不同的刻度。
生命的節奏，取決於你所選擇的時間刻度、以及度過每個刻度的方式。

第一次在香港搭地鐵，是很特別的體驗。

當時台灣還沒有捷運，我因為年輕閱歷不足，對世界所知有限。看到即使並非上下班時間，手扶梯永遠魚貫有序的人潮，以及不同方向列車同時停靠瞬間，轉乘的民眾如千軍萬馬在月台上對衝，氣勢洶湧如浪花，表情冷靜似海洋，這些景象大大震懾了我。

以致後來到了東京、新加坡等地的地鐵站，我都很好奇地觀察當地人搭乘交通工具的腳步。從中很明顯地發現：**每一個城市，都個別擁有屬於它自己獨特的時間節奏。越是工商發達的地方，腳步越匆忙。**

三十來歲的我酷愛旅行，趁那幾年未有太多家務需要兼顧，漂泊四海地累積到三十幾個國家的觀光或工作入境許可，無論是長期或短期的居留，都會在觀察當地民眾的腳步中，試著聽見每個人內心的另一種鼓聲。

美國作家梭羅在《湖濱散記》中說，「如果一個人無法跟上同伴們的腳步，很可能他聽見的是另外一種鼓聲，那麼，就讓他隨著他所聽見的節拍去吧！」我猜想，他指的是每個人有專屬於自己的成長節奏、或價值觀，既鼓勵尊重包容，也容許每個人做最獨特的自己。

而我除了聽見一個城市在行進間的集體節奏，同時也觀察到個別的差異。例如，在東京電車月台上，究竟要跟隨著人潮擠進去車廂、或直接退出等下一班列車？

生活上的努力與放棄，往往關乎一個人的個性、以及他當時是否還有一點點時間的餘裕。

快慢之間，一個小小的決定，往往就影響了這個人的一生。

短期來說，或許讓他躲過一場意外交通事故、與一個扒手錯身而過；長期而言，他是否在工作上保持積極進取、在人際間表現優雅從容？

他會因為每天爭取到的多幾分鐘，而造就自己比別人更早來到成功；或因為壓力太大而疾病纏身，甚至英年早逝？這究竟是「人在江湖；身不由己」、或是自己可以掌控進度？至少，不被時間奴役？

時間刻度，是自己的選擇

三十歲那年，我來到新疆吐魯番，蹲在路邊和一位賣葡萄乾的阿伯聊天，他眼中的歲月，只有一年葡萄收成的季節。年月時分，對他並無太大意義。

即使隨時間飛馳到現在的吐魯番的葡萄溝，日新月異的栽種技術，讓農民可以更有機會豐收。但等候過三月的杏花、四月的梨花、五月的桃花、六月的杏子，來到七、八月的葡萄成熟，仍然是依循著大自然的規律。

持續旅行多年以後，再回到早已開辦捷運的台北，上下班時間月台上的人潮，跟當年我在香港、或是後來在上海所見，表面上似乎並無差異，但只要閉眼凝神，深度體驗，還是很容易分辨不同。

每座城市，有集體意識；每個人，有自我選擇。

即使隨波逐流，也會有不同態度。有些人是充滿自信地樂在漂浮於水面；有些人則是因為失望透頂而徹底放棄，不再掙扎。於是，時間的河流，把每個人都帶到不同的地方。

比較重要的問題，其實是：你是有意識地在做主動的選擇、或被動無奈地受到你自以為是的命運推擠？

時間，在每個人的內心裡，都有不同的刻度。每年、每季、每月、每週、每時、每分、每秒……有些人的工作以時計價，有些人必須做到分秒不差。原來，**生命的節奏，取決於你所選擇的時間刻度、以及度過每個刻度的方式。**

時間節奏相合，是努力也可以是默契

有位好友，持續多年的遠距離戀愛。他和情人約定，每天晚上九點三十分通話。從一開始熱戀激情，至今依然持續。

他體現承諾的秘訣，就是下載一個精準到秒位數的網路時間器，總在九點二十九分五十九秒撥電話過去，而對方也能在鈴聲響起的第一瞬間接通，傳遞彼此重視並珍惜對方的心意。

這是努力，也是默契。

工作場合，或許與戀愛不同。但只要投入熱情，你也能把工作當戀愛經營。自己掌握節奏的同時，並且引導團隊建立有默契的時間刻度，才能共同遵循。

Time Out! 

掌握團隊中的時間刻度

1. 仔細觀察目前身處環境的「節奏感」，單位是以秒、分、刻、半小時、或一小時計算？

2. 再看看主管交派工作、同事做事的速度如何？反觀自己的步調是否可以和大家同步。

3. 假使步調不一樣，在溝通前，需先做好三種心理建設：

   (1) 放下情緒，以共同目標進行溝通（例如：完成專案）。

   (2) 確認專案的職務分配，以及先後緩急的順序，哪些事情需要迅速完成，又有哪些工作不用急迫完成。

   (3) 一個專案的速度調配，須謹慎管理，何時需要加速，或是緩衝。過度加速會使人疲乏，緩衝太多則令人散漫，因此要小心。

時差，是相對數字，也是內心感覺

時差，既存在於遙遠的兩個不同的地點之間，也存在於同一地點的兩顆心之間。必須彼此理解，才能適應。

「你，那邊現在幾點？」明明是一句日常問候，感覺卻很像是文青電影的對白。時差，給人無限想像空間。

因為，時差不只代表相隔遙遠兩地的時間差異，更是兩個地點的生活環境與文化的距離。如果這身處異地的兩個人，是一對好友、戀侶、夫妻、親子、家人的話，那就可能有更多情感和想念，被填充在兩個不同的時間數字之間。

當我還是上班族的那段期間，一直在電腦資訊公司服務。連續十幾年，常需要到海外工作。尤其承辦籌畫電腦展覽業務時，三不五時要去美國、歐洲出差，因此時差對我來說具有不同面向的多元意義。

那時候，父母已經退休，身體健康，行動敏捷，還能到處遊玩。從小就很獨立的我，因為遠赴海外工作，經常成為異鄉遊子。當時通訊費用很昂貴，我們久久才能講一次電話報平安。為了珍惜這難得能夠聯絡一次的機會，彼此都很重視約定的時間，連講話都要看秒數、算時間，以免電話通訊的費用爆出預算太多。

時差，既是地點的距離、也是心理的距離。拉開地點的距離，相處起來更有美感，心理上反而更親近一些。

在德國工作的時候，房東是一位慈藹的老太太，她都會暗自記下時間提醒我，打電話跟家人報平安。

原因竟是，她兒子就住在附近，但彼此鮮少聯絡。他們母子並沒有感情不睦，而是相信彼此的獨立性夠，也給雙方足夠的空間與自由。

老太太不知從哪學的，認為東方家庭關係都比較親密，應該要常聯絡。雖然我知道家庭親密程度，其實因人而異，但多年來仍深深記得她的好意，主動幫忙換算時差，比忙到半夜才回住處的我，更清楚台灣現在幾點鐘。

先把時間固定下來，彼此配合度高

當時我常需要跟台灣的同事聯絡，每次打電話之前，都要先看一下時間。有些地區的某些時候，還有實施「日光節約時間」的問題，剛開始我搞不太清楚，常在到底要提前、或延後一小時之間猶豫。後來，我就盡量統一在固定的時間，與異地的同事電話溝通聯繫。

起初只是圖個方便，一旦養成習慣後，就成為妥善運用時間的好方法，大大提昇彼此的溝通效率、以及工作生產力。

彼此先協商，把可以一起工作的時間固定下來，讓雙方都知道該怎麼配

合，就不用每次為了約時間，而浪費更多時間。

直到現在，我已經是一個自由工作者，這項習慣依然對我和工作夥伴，有所助益。例如，電視台負責節目企劃的同事，都知道我下午五點，也就是廣播現場節目結束時，比較能跟我討論腳本；我也盡量告訴身邊的工作夥伴，每個星期有固定的某兩天，從早上到下午，要陪我媽看門診，請不要在這個時間找我。

人與人之間，也有必須調整適應的時差

儘管已經不需要經常跨越地理區域出差，之前為了克服時差而養成的工作習慣，除了至今仍有所幫助之外，也讓我體認到更多「時差」的不同意義。**時差，不只是兩地之間的時間差異，也是兩個人之間的認知距離，同時也是各自的感受問題。**

以我主持現場廣播節目的工作來說，除了自己口述之外，還要訪問來賓，

同時要留意電腦系統自動設定的廣告與播歌時間，必須精準配合秒數，談話才不會被切斷。

例如，節目單上條列的進廣告時間是下午四點十七分十三秒，我就要在四點十七分十二秒落下語氣的句點，讓訪談告一段落，否則聽眾會因為發言中斷而感到突兀。我很重視這些細節，所以被同事戲稱為「讀秒王」，這是過獎之詞，因為我的達成率大約是97–98%，並非從未出錯。但這個工作習慣，讓與我一起在控音室配合的夥伴，既覺得安心，也更有決心，更堅定地要把這樣模式維持下去。

其他工作領域，未必要這樣分秒必爭；但若彼此對時間認知的感受有太大的差距，雙方都會很痛苦。設想一位同事，先前答應星期三要提供你報表資料，結果他到下班前一秒鐘才透過電郵寄送過來，你的感受肯定不會有中午前就收到那麼好啊。可見顧慮彼此對時間的認知與感受，確實很重要。

Time Out! 

不浪費彼此時間的共事原則

1. 請在每天開始工作之前，擬訂當日的工作時間表。

2. 試著跟合作夥伴確認彼此的時間，最好是用電話、面對面的方式來確認，而不只是用文字傳簡訊，以防造成對方誤會，而衍生出委屈。

3. 即使是約定的時間，也請提早10分鐘先做準備。

4. 每一個已經事先就敲定的會議時間，請盡量不延長，務必在時間內完成。若要在時間內完成，應先思考先做何種準備，以及現場控制流程，才不會耽誤彼此的時間。

關係越親近，越需要調整時差

與其追究雙方的「價值觀」是否一致，不如先看彼此的時間節奏感是否近似。先找出差異，才能進行磨合。

在電腦資訊公司負責行銷業務多年後，我想要挑戰不同的產業，於是鼓起勇氣，跳槽到飛碟唱片公司，從「董事長特別助理」這項職務開始做起。

這份工作需要我同時服務兩位老闆。其中一位是飛碟唱片公司的董事長，也是資深民歌手吳楚楚先生，另一位極有創意的總經理彭國華先生，他是資深藝人張小燕的夫婿。

偏偏，這兩位主管的工作模式有很大的不同。在我私下有限的觀察，吳楚楚董事長是「晨型人」，每天早起運動，游泳、打球，幾乎七點多就到辦公室。我和企劃部門的同仁，會提早到辦公室，蒐集當天最重要的娛樂新聞，做成完整的一份簡報，給他過目參考。

吳楚楚董事長，能力很強、為人熱心，無論公司是內部、外部，都有很多相關的專案同步在推展，一早就開始指派不同性質的工作，讓我學習到很多處理詞曲版權、或經營海內外市場的經驗。

而總經理彭國華先生則是典型的創意人，沉穩內斂，接近中午進辦公室，時常工作到很晚，我猜想他是個「夜型人」，越晚越有靈感。此外，他有很理性的一面，開會時話不多，但每句都能擊中要害。

他交辦我許多大型的專案，很放心地把進度和預算，都授權給我管控。他很賞識我的文字，經常把重要專輯的歌曲、或廣告歌，交由我填詞，至今我仍有幾首歌詞作品在KTV傳唱。

身為兩位優秀主管的特別助理，我要在很短的時間，學習適應不同的工作模式、處理事情的風格，以及調整自己內心的時差。

我每天都從早上七、八點到公司，忙到晚上八、九點離開，以分段切換時間頻道的方式，把兩位主管交辦不同類型的事項，依照進度一一完成。

談「價值觀」比較抽象；看「時差」則有跡可循

事隔多年，回想起來，我之所以能夠勝任這份工作，最主要的關鍵，並不是能力多強，而是在於：**主動配合不同的主管，調整自己工作的節奏。這份彈性調整「時差」的能力，也成為日後可以斜槓兼任多職的重要訓練。**

基於這些工作經歷的累積，讓我更加深信：**越是關係親近的人，越需要調整彼此的時差**。就算大家目標一致、所見略同，也不能忽視「時間節奏感」的重要性。

首先，你必須要覺察，對方的時間節奏感，跟你有什麼異同。我們常聽說，無論工作夥伴或感情伴侶，最好是找「價值觀」一致的對象。這個建議沒有錯，但說真的，要聊「價值觀」多半很抽象，也不是一時半刻就可以搞清楚。不過，若是要觀察彼此的「時差」，也就是時間的節奏感，可能就比較具體，而且有跡可循。

所以說，**與其要追究對方的「價值觀」是否與自己一致，不如先看彼此的時間節奏感是否近似**。

最容易觀察到的明顯差異，就是「急驚風」或「慢郎中」兩種極端型的風格。有些人被交辦任務之後，習慣立刻執行，提早完成；有些人總是要拖到最後一分鐘，甚至經常延遲交件，拖累團隊的進度。

或許上述的舉例，是兩種差異比較大的類型，但生活中隨處可見的小差異，往往都會變成大衝突。

例如，伴侶要出門赴約，其中一位早就整理就緒，好整以暇地坐在客廳等著；另一位則拖拖拉拉，經過再三催促，最後的結果還是以「遲到」收場，而且搞到雙方都不開心。「誰叫你一直催！」「你就是很會拖！」類似的爭執，不斷發生。

若要合作，必須調整並適應彼此的時間節奏感

可以想見，除非其中一個人願意主動調整自己，去配合對方，否則一定會因為累積很多的情緒衝突，造成更大的感情疏離，甚至無法繼續生活下去。

如果是身處地球不同洲際的地點，因為距離遙遠，彼此對時差有一定程度的理解與尊重。甲方在自己的大白天，聽見乙方在另一端的深夜呵欠連連，會同理的說：「時間晚了，你很累，早點休息吧！」雙方都覺得溫馨。

相對地，兩個人身處同一個辦公室、同一處居所，卻對時間節奏的感受南轅北轍，無論是公務或家務，都會無法密切合作。所以，調整並適應彼此的時間節奏感，就變成是雙方很重要的課題。

Time Out!

越是親密的夥伴，更要在意時差

1. 當生活/工作夥伴是「慢郎中」時，請確認他為什麼會「慢慢來」，是習慣性的拖延，還是完美主義作祟？

2. 碰到「慢郎中」型的人，自己該如何因應？

   (1) 做好心理準備，預留時間緩衝。

   (2) 替對方著想，並排除等待時間的障礙，讓眞正重要的事情得以順暢進行，不會延誤時程。

3. 當對方是「急驚風」時，該了解他為什麼會這麼急切，是否有慢下來的空間？自己又該如何調整？

   (1) 勉勵自己加快腳步。

   (2) 如果無法以2.0倍速配合，試試看能否調成1.5倍速？

4. 持續溝通，才能找出彼此的步調，也可以畫出雙方在乎的時間底線。

Why比What更重要

空有目標，會缺乏真正的動機。目標，不該只是一個名詞，它必須是一個動詞，而且是現在進行式。不斷持續進行，也隨時在修正。

大多數上班族工作都很辛苦，目標究竟是為了「賺更多的錢」、或「擁有更好品質的生活」，又或是大家都以為「賺更多的錢」就可以「擁有更好品質的生活」？

設定目標，真的很重要！但常常只聚焦於目標的內容是什麼？或忘了問自己：為什麼？就像「我的夢想」「我的願望」這類題目，從小學的作文簿，到求職的履歷表，都難免要重新演繹一遍。甚至，不必等到中年才開始設想，現代社會都鼓勵年輕朋友，至少三十五歲就開始要做退休規劃，想要擁有什麼樣的未來生活，依然被視為自我審視的一項重要課題。

針對「究竟你要的是什麼？」這個問題，確實是要說清楚、想明白！先釐清自己真正的追求，別人才知道要怎麼配合，無論是自處或相處，都因此而有所依據。即使夢想還很遙遠、願望充滿變數，至少訂出中短期目標，提供努力的方向，也可以讓自己在分配資源與時間上，知道該如何取捨。

徒具形式而不知所以的目標，容易讓人缺乏動力

此生的年華有限，越是屬於大人的青春，越要好好珍惜，把握寶貴的時間，下定決心追求具體的目標，確實是很重要的思維。

例如，「工作五年，我要靠自己存到第一桶金。」「我要在半年內減重三公斤！」「三十五歲前我一定要成家。」「我要準時退休，開始環遊世界。」

初步看起來，這些目標都已經夠具體、而且決心也很強烈，但是後來卻未必都會真正做到，關鍵並非執行的困難度，而是大家都忽略了，擬訂目標之前，一個更關鍵因素：**why比what更重要！**

訂出具體的目標，只說明「要什麼！」但卻沒有更進一步追問：「為什麼要？」很容易讓目標流於形式，而無法持續。

有時候，目標還會因此變成一個安慰劑。這很像是小時候買的參考書、課外教材，供奉在書架上當神主牌，想說只要有時間就會看，直到考試前才想臨時抱佛腳，卻來不及好好準備。

「反正，我有訂好目標！」「反正，我知道這很重要！」「反正，我並非盲目無知！」知道它很重要，但做不做得到就是其次，甚至無所謂。

空有目標，而沒有真正思考「為什麼要？」，除了流於自我安慰的形式之外，還有另一個壞處是：缺乏真正的動機。若遇到窒礙難行的挑戰，就很容易放棄。目標，不該只是一個名詞，它必須是一個動詞，而且是現在進行式。不斷持續進行，也隨時在修正。

以自問「為什麼要？」來重塑目標，並加深內在動機

除了具體描述「要什麼！」，再進一步確認「為什麼要？」就會找到自己的「內在動機」，也能夠因此更確定價值選擇。

舉例來說，「想要在半年內換一份同性質的工作」，這的確是一個具體目標，但為什麼要擬訂這個目標呢？可能的原因，包括：不喜歡現在的同事，希望獲得更合理的薪資，追求夠有挑戰的任務，歷練不同公司……把「為什麼要？」想得越清楚，內在動機也會越具體地呈現，並提供更大的動力，有助於達標。

根據「目標心理學」的理論，具備強大的內在動機，比任何達標後的獎勵，還更能夠激勵人心。如果你有加薪、升官、或贏得參加競賽的經驗，應該都會體認到：在過程中竭盡所能地參與，並付出一切努力的感動，比起金錢、職銜、獎盃都令人覺得有意義，而且會很喜歡那個認真以待的自己。

長大以後的我們，常常是越來越忙，也可能越來越茫。馬不停蹄地落入生

活的細瑣，卻忘了自己真正想要的目標。或是，誤把眼前的目標，當成另一個目標的策略，這些都可能把自己帶到適得其反的方向上。

例如：以為「賺更多的錢」就可以「擁有更好品質的生活」，雖然「賺更多的錢」和「擁有更好品質的生活」之間，確實存在某種程度（但絕非必然）的關聯，但如果一開始就把「賺更多的錢」當作目標，無論是否達標，都很可能距離「擁有更好品質的生活」越來越遠。

若要做好時間管理，需要擬定一個清楚並具有動能的目標，除了回答自己「是什麼」以外，還要說出「為什麼」！

常常問自己：「這真的是我想要的人生？」以及「我為什麼會這麼想？又為什麼要這樣做？」可以避免落入「多做就是好」的時間管理陷阱。忙而不茫，才能確保自己一直走在正確的方向上。

Time Out! 

將目標實體化的進度表

1. 請先詢問自己：「為什麼要設立這個目標？」試著在內心埋下一個願望種子。

2. 接著，細分出近程＞中程＞遠程目標，例如：「七年內買一幢自用住宅，給家人更有安全保障的生活。」

   (1) 近程：請先思考自己的收入配置，並且掌握地區房價的訊息，也要多留意家人的需求。

   (2) 中程：除了既有的收入以外，是否還能增加投資的額外資金。還有，勤於看房，多與房仲或是當地住戶溝通了解狀況，並且練習如何議價。

   (3) 遠程：購屋之後的裝潢設計，滿足家人與自己的想望，以增進生活品質。

有效率，反而更忙碌

承諾自己，設定底線，戒斷忙碌。需要的就不只是管理時間的「時鐘」，還需要一個指引自己人生方向的「羅盤」。

有一則關於馬戲團特技演員的小故事。他從練習生開始接受訓練，先學會用右手拿著木棍，旋轉一個盤子；接著，能同時用左手舉著木棍旋轉第二個盤子。到了進階版的表演，他已經很熟練地以坐姿使用四肢操控木棍，旋轉四個盤子，簡直可以出師了。

此時，他得到的獎賞，不是掌聲、不是酬金、更不是假期，而是——頂在額頭的第五根木棍，旋轉第五個盤子。至於，是誰給了他第五根木棍作為獎賞？可能是馬戲團的老闆，也可能是他自己！

提升效率，追求成就，會讓人上癮。而這個癮頭，不只是毫無止境，也是個無底深淵。

如果這情況發生在三十五歲之前，或許可以帶來很多發展自我的機會，但若持續到四、五十歲，就會逐步發展成為固定的模式，人生就再也沒有停下來的時刻。每天的生活，就是工作、工作，繼續工作。

我在未滿三十歲，便晉升管理職。當時工作忙到不可開交，除了處理事務，還要帶領團隊。很快發現自己很難兼顧效率與耐性，即使有抗壓力，卻失去好情緒。加上創業後母親中風倒下，我必須在家庭照顧與多元工作之間奔波，確實把自己訓練成為時間超人，但也處於緊繃到瀕臨麻木的邊界。

為了徹底告別忙到灰頭土臉的日子，我開始更深度研習時間管理，後來成為這個領域的老師，累積多年教授時間管理課程的經驗，看到許多實際的案例，而且通常都是越努力就越失落的反面效果。最常見的就是越想要透過管理時間，提升工作效率，結果卻越是更加忙碌。

忙碌與效率，一直都是「雞生蛋」「蛋生雞」，相衍相生，不斷輪迴。

「能者多勞」是一個很大的迷思。把自己的能力，訓練得更好，就很自然地承擔更多工作與責任。一方面是，自己樂於接受挑戰；另一方面是，別人會對你有更多的期待、與更深的依賴。

能力越好，工作越多，效率會越乏力

很多人開始運動健身做重力訓練，只會一路往上增加槓片，時常超過自己的負荷範圍，除非哪一天身體承受不住而受傷、或器材因為負擔過重而毀壞，否則看不到真正的極限。

當局者迷，忘了重力訓練的初衷，其實是為了身體健康。即使是想讓自己變得強壯，至少也有「肌肥大」或「肌耐力」兩個不同方向可供選擇，搭配適合的強度與頻率做訓練，以達成目的，並非只是一味地增加槓片的重量而已。更何況，若真正要讓肌肉變強大、有線條，除了規律訓練與提升效能之外，最重要的是要讓肌肉有充分時間休息，它才能透過修復而持續長大。

要有足夠的休息，才能真正提高效率！

而我竟在持續忙碌了數十年後，才幡然醒悟這個道理。開始懂得、或是強迫，要在適當的段落，讓自己主動地休息。這裡所指的段落，可以是一天、一個星期、一個月、一年、或是一份自始至終馬不停蹄的工作。

適時調配工作與休息，才能擁有更好的生活品質

在我創業之前，曾經是長達十二年沒有好好休息的上班族。更可怕的是，我能把每一份先後的工作，都交接得剛剛好。昨天從舊公司離職；今天到新公司上班，絲毫沒有違和感。新舊公司的主管和同事，都覺得我很盡職。我也為自己對工作的效率與負責，感到驕傲。

長期的疲累與緊張的壓力，需要很妥善的處理，才能消化舒緩。

那時候的我，或許真的沒有好好休息。但至少做對一件事情，就是開始認真實驗、也實踐時間管理。我常提醒自己一個很基本的問題：提升工作效率，是為了「能夠做更多事」、或「擁有更多休息」？

或許我在每個不同的人生階段，答案並不一樣。有時候會選擇：希望「能夠做更多事」；有時候，但願「擁有更多休息」。最後都會統整於同一個答案：我渴望享受更好的生活品質。

從此，我認真面對那些攬在身上的事情，盡可能把它做完。但也會小心提防，它可能是個陷阱——**自我的成就感和別人的掌聲，都會讓自己著魔而迷失，甚至上癮**。如果事情已經做不完，至少在完成一個階段的目標之後，先讓自己喘一口氣，不要急著爭取更多任務、承擔更多責任。

承諾自己，設定底線，戒斷忙碌。這時候，需要的就不只是管理時間的「時鐘」，還需要一個指引自己人生方向的「羅盤」。也就是在追求效率之前，先確定自己要的目標是什麼，並且符合長期的價值觀，才能在忙與不忙之間，做出最適合的判斷。

Time Out! 

在忙碌與效率之間，確認休息的時數

1. 假日時，試著盤點上一個星期的工作時間，詳細記錄被交派的任務，花費多少時間解決。試著將每日的工作時數，以圖表的方式畫出來，可以用一種顏色表示，製作一張「工作時間表」。

2. 接著，請確認每一天都有適當的休息嗎？在「工作時間表」加入「休息時間」。透過圖表方式，將休息時數畫上去，可以用另一種顏色表示。

3. 圖表完成之後，就可以評斷自己的忙碌指數。忙碌時，通常不會覺得累。疲憊，往往會在休息的時候才會出現，請務必重視這樣厚重的倦怠感，並做出適當的調整。

給自己一段無所事事的美好時光

在日常生活中的每一天，練習短短發個呆！讓自己做到「五放」，使得身心可以徹底打開：「放過、放下、放心、放空、放鬆。」

媽媽治療癌症那兩年，我每天在照護與工作之間來回奔波，常錯過用餐時段，只能趁空檔回家煮泡麵充飢，順便處理一點簡單的家務。晾曬衣物後，我會不知不覺地對著天空發呆幾分鐘，看著白雲蒼狗變化，猶如投映人生的未知與無常，短短片刻的寂靜，享受內在的空靈。

幾年後，跟好友聊起這個情境。她乍聽之下，因為心酸而落淚。我卻跟她說，趕回家煮泡麵和晾衣服的幾分鐘，是那兩年緊繃歲月中，感到最幸福、最輕鬆的時光。

雖然雙手還有動作，但是腦袋完全放空。彷彿生活裡，可以不再擔心、沒有焦慮、忘卻憂傷。儘管，可能短短幾分鐘之後，我就要回歸現世面對真實，但那一段無所事事的時間，卻給了我很大的勇氣與力量。

回想之前在微軟工作四年多，每天工作時數超過十二個小時，我也常在午夜下班，等候計程車的片刻，刻意讓自己的頭腦完全留白。

因為這些經驗，我才能在超載的時間中，學會自我疼惜。**無論再忙再累、或是越忙越累，更要提醒自己：每天給自己一段無所事事的美好時光。**

當然，最好是能夠完全什麼事情都不做，如果是要散步、走路、靜坐、或聽音樂，其實也沒有關係。

所謂「無所事事的美好時光」，重點不在於什麼動作都沒有，而是給自己一段淨空的時間，可以暫時擱下目標、卸除責任、停止追求，甚至沒有夢想也無妨。

讓「五放」徹底將身心打開

在日常生活中的每一天，練習短短發個呆，讓自己做到「五放」：放過、放下、放心、放空、放鬆。

- **放過**：讓那個已經盡力的自己，喘口氣吧。
- **放下**：割捨那些不必要的、或不該屬於自己的追求，不再煩惱牽掛。
- **放心**：撫慰不安的心情，告訴自己：好好休息一下，是沒關係的。
- **放空**：停止腦中所有煩惱與愛怨的喧嘩，熄掉心裡一切忽明忽滅的燈火，享受當下的萬籟俱寂。
- **放鬆**：無需承擔任何壓力，讓心自由放飛。

真正愛自己，就是要每天給自己一段無所事事的美好時光。

如果一個人，能夠坐擁財富的金山銀山、或可以掌控時間的分分秒秒，卻沒辦法每天給自己一段無所事事的美好時光，再多財富享受、再多時間運用，都會失去意義。

每天就算只有短短三至五分鐘，事後也會感受到充電與療癒。像是：醒來時賴床幾分鐘，晨起在一杯咖啡中發呆、午餐後短暫的小寐、晚間居家倒完垃圾的散步、睡前的沉澱。甚至，可以延伸到以每個星期、每個月、每一季、或每一年為單位，規劃更長的時間去享受無所事事的美好。例如：每個星期規劃兩小時或半天、每個月至少有一天、每一季有三到四天的小旅行、每一年放個與世隔絕的長假。

暫時的休息不是罪惡

我曾經很忙，忙到忘了該好好休息、也生疏到不知道如何享受悠閒，或更嚴重到一有休息、或悠閒的念頭，就充滿罪惡感，渾身不自在，寧願無止境地忙碌。後來我學著問自己：「是不是試圖用忙碌，逃避些什麼？」其中還有過很殘酷的答案：「是不是試圖用忙碌，逃避面對自己。」內心的恐懼與軟弱，從此一一浮現。

害怕自己的計畫會延宕、害怕別人對我感到失望、害怕面對真實而不完美的人生、害怕自己會因為手足無措而把一切努力得到的成果都捨棄。所以，就撐著吧，撐到連自己都覺得盲目到看不到未來的時候，終於知道要重新學習無所事事的藝術。

義大利有句名言「Dolce far niente.」意思是「無所事事、悠閒慢活的甜美」，也曾出現在知名電影《享受吧！一個人的旅行》。女主角茱莉亞・羅勃茲，一邊吃比薩，一邊學義大利文，就是說出這句「Dolce far niente.」讓觀眾特別有共鳴。因為在戲中的她，讓出全部財產給予前夫，獨自出發旅行，沿途享受美食，遠離金錢財富與情感婚姻，試著尋到真正的自己。

真正的幸福自在，是不必捨近求遠，只要盡情享受當下，就能感受美好的生活態度。成為大人的我們，鍛鍊努力追求夢想的同時，也該學著好好享受休閒。至少，可以從每天有一小段無所事事的美好時光，開始練習。

Time Out! 

偶爾對自己喊「暫停！」

1. 「暫停！」可以讓自己的腦袋放空，請適時安排1~2分鐘的時間。

2. 如果總覺得有罪惡感，那就學著讓腦袋轉速變慢，試著用冥想、聽輕音樂等，讓緊繃情緒得以紓解。

3. 若自己一個人無法做到，請找好友一起加入。透過互相陪伴與鼓勵，重新享受平靜自在的時光。

裝忙，真的就不忙

練習有意識地對外裝忙，並非藉此推託責任，而是為自己保留在時間掌控上，游刃有餘的彈性空間。

忙，有兩種：一種是真的很忙；另一種是假裝很忙。有趣的是：裝忙，真的就不忙！這是一句雙關語，具有正負兩面不同的意義，而且無論從哪個角度解釋，也都講得通。

先講負面的意思：本身一點都不忙，卻假裝很忙，藉此推託卸責，讓自己保持清閒。這個策略真的會奏效，但除了圖個輕鬆之外，通常人際關係不會太好，也會失去很多學習成長的機會，沒有成就感，也無法累積實力，甚至還會鬧到發慌。

我觀察過很多不同領域的職場，因為裝忙而不忙的人，大半輩子都在當「薪水小偷」，最後的下場不會太好。常見的就是長期懶散，導致意志消沉，連身體狀況都可能會出問題。

接下來，深入解釋正面的意義之前，比較重要的是，先釐清「裝忙，真的就不忙！」的對象是誰？如果是對外，永遠都寧可讓別人初步以為、或一直都很知道：你真的很忙。

所謂的「裝忙」，意思是說，即使只有八分忙，也要對外宣稱十分忙。像我這樣真的已經忙到爆炸了，就一定要讓方對我的「分身乏術」有深刻印象，才不會因為不好意思拒絕，而攬上對自己毫無意義的工作或責任，把自己推進透支時間的火坑。

另一方面，也讓自己在百忙中還願意幫對方忙的時候，更顯得你對他的真誠與認真。

裝忙是為了爭取不超載的時間

請試著對外培養「放自己一馬」的習慣，對於無關緊要的電話、訊息、電郵都不要秒接秒回。你可以另外刻意規劃一段時間來處理瑣碎的事情（將會在第3章，本書第158頁，詳述這個時間管理的技巧），以免對方以為你是「櫻櫻美代子」整天閒著沒事做，或對你建立不合理的期待，要求你每件事情都要立刻處理。

倘若把「裝忙，真的就不忙！」這句話，用來做為對自己提醒，重點就在「不忙」，真正的意思，並非閒散到無聊，而是要有所警覺，必須讓自己的時間運用，能夠處於遊刃有餘的狀態，絕對不能超載。

有一位好友是知名人士，已經快要六十歲了，依然精力充沛，不僅在專業上發展斜槓，擁有很多不同面向的事業，還不斷進修，獲得一山比一山高的學歷。此外，他的休閒活動，也沒停過，上山下海，日子過得天天精彩。

不熟悉他的人，即便很有身分地位，若想要約他出來喝個咖啡，可以說是門都沒有，他忙到沒時間應答，無論透過電郵或社群邀約都石沉大海。因為大家都知道他很忙，所以也從來不會怪罪他。

事後瀏覽網路社群平台，卻又發現他都在吃喝玩樂。不知情的人，心裡難免困惑：「這個人如此忙，怎還會有時間吃冰、慢跑？」

因為他是我的老友，我隨時敲他，遲早都會收到回覆，碰到緊急的事，就算半夜也陪我慢慢解決。在彼此面前，我們永遠坦誠相待，無論要約什麼，再忙都挪得出時間。外界要找他，真的很不容易，他都很忙。我有事敲他時間，客氣地說：「不好意思，打擾你時間。」他都會為了寬慰我的內疚感，而先回：「自己人，別客氣，我不忙。」

這個實例，就是「裝忙，真的就不忙！」正面詮釋的最高境界。

忙工作、忙家庭，最好是為自己而忙

關於忙碌，我們常聽到的一句話說：「為誰辛苦，為誰忙？」這個問題的答案，很可能因為人生階段不同，而有所差異。但追根究柢，真正的答案只有一個，全都是：「為自己而忙。」

即使，你曾經以為答案是：「為工作上的老闆而忙。」「為養育子女而忙。」「為爸媽而忙。」「為伴侶而忙。」但**只要心甘情願認領一份自我的責任感，「為誰辛苦，為誰忙？」就概括承受地可以認定是：「為自己而忙。」**真正的答案，是不必向任何人交代的，只要自己知道就好。

但問題是，我們在工作職場與日常生活中，總是要和別人有所互動連結，尤其，**身處華人社會，見面最常出現的問候語就是：「最近忙嗎？」或是「你在忙什麼？」請千萬記得，要練習隨口回答：「就好多事正在忙。」而且不要回答：「我沒事。」或「瞎忙。」**

如果真實生活的你，確實屬於沒事的狀態，請趕快找事情做。假使你正在瞎忙，也請釐清自己的人生目標，搞清楚你「要什麼？」及「為什麼？」就可以讓自己理直氣壯地處於「裝忙，真的就不忙！」的正向境界，也就是在有事可忙的前提下，過著游刃有餘的生活。

Time Out!

如何讓自己不瞎忙

1. 針對每件交派的工作，妥善規劃時間進度，以避免不同專案互相干擾，並影響自己的進度，以及該有的休息。

2. 請衡量自己的能力、狀態是否可以承接每件工作，例如：才剛忙完14天緊鑼密鼓的專案，若要繼續承接，是否會太疲憊？

3. 如何說出拒絕承接的話？

   (1) 請理性分析自己的工作細項，可以列出重點明確表示。

   (2) 據實以報自己的狀態無法接下，否則會導致進度落後。

我把青春付給了你：最珍貴的時間，要留給最愛的人

我從小家境雖不是很富裕，但父母給子女的愛算是很足夠。老媽年輕時為照顧家庭，辭去工作，到現在還常說：「我把青春都付給你們三個小孩。」她的嘴角盡是驕傲，至於是不是有遺憾，只有她心底明白。

這是上一代女性傳統的價值觀，和現代人認真積極地賺錢，把追求「財富自由」當成一個很重要或唯一的目標，有所不同。

金錢，很重要。我們日常的食衣住行，遠大的人生夢想，都需要金錢作為重要的支柱。但有些人很努力賺錢，忙到沒時間好好生活，也未能把財富用在自己真正想支配的地方。或許金錢有換到物質，卻沒帶來心靈的滿足。

時間與金錢，一直被拿來相提並論。它們確實有一定程度的替代性；也有

另一部分是絕對的不可替代性。有些時間可以用金錢換取，有些則不行。因此，在追求「財富自由」的同時，應該也要顧及「時間自由」。**學習時間管理，有助於財富自由；更重要的是，在到達財富自由前的每一刻，都希望可以擁有時間自由。這樣的財富自由，才有意義。**

所謂的「時間自由」，絕對不只是主動分配時間，讓自己有餘力做自己喜歡的事而已，還包括：能夠把最珍貴的時間，留給最愛的人。每天給他一段時間，聽他說話，相互陪伴。這是一項魔法，會讓你忘了時間的存在，體驗到珍貴的幸福。

很多人賺錢的目的，起初是為了獨立自主、或是為了成家立業，但最終的追求，是一份幸福自在的安全感。而這份感覺，往往來自於生活中有人與你共同承擔或分享。

儘管，「人生到最後，都會只剩下一個人」這句話是千真萬確的，但它是用來自我勉勵，成為一個獨立而不依賴的人，並非要讓自己變成自私自利。事實上，具有獨立能力的人際連結，心態將會更平衡、也更輕鬆愉快。

Chapter 2

夠用就好的時間哲學

少做一點，並不是想要偷懶，

而是有意識地讓自己可以把時間用在更值得的地方。

比爾·蓋茲的時間管理幸福學

秉持以下三項原則：1.夠用就好；2.不必完美；3.容許後補。不只能應用於時間管理，還可以延伸為寬容厚道的處世哲學。

我在微軟公司服務四年多，主要負責Windows、Office、Word、Excel產品開發中文化的工作。那是一段非常充實、而且永難忘懷的日子。

那些年，除了平均每天上班超過十二個小時之外，我學到很多時間管理的技能，甚至當上傳授時間管理課程的老師，最後還鼓勵大家在學成之後，一定放掉那些技術層面的方法，重新回歸生命的本然，自由自在地活出屬於大人生命裡精采的每一刻。

並非時間管理的技能無用，而是在技能之上，還有個更高的境界：你必須學會內化，將它從有形變為無形。因為熟練技術，而可以擺脫時鐘刻度的忐忑和侷限，活在分秒之中，卻完全沒有感覺它的存在。

乍聽之下，似乎有點玄妙，但人生就是這樣啊，當蹲馬步的基本功練就踏實穩固，機緣來到的時候，會一點就通。

究竟我在微軟公司如工作狂般夙夜匪懈的日子裡，頓悟到什麼時間管理的精髓，以至於到現在依然覺得受用無窮呢？

放下你的「完美主義」，把期限拉回戰線

我想，先邀請已經成為大人的你，回想一下小時候，寫日常功課、或暑假作業的情境，會是一放學或一放假就趕快先寫完再休息，或總是拖到最後一秒鐘，才心不甘、情不願地開始動工呢？

拿這個情境來比擬長大後的人生，確實有失公允。因為學校規定的功課，多半是應付考試之需，未必是一個人真正興趣或熱情之所在。但若撇開興趣不談，純粹以時間安排的角度，倒是可以反映出現在的自己，是否對於不喜歡或沒有把握的事情，存在著拖延的習性？

我研究過很多心理學的書籍與課程，都指出：**某些「拖延症」與「完美主義」有關。是基於自我要求，希望一切盡善盡美，才會變得拖拖拉拉。**

有些人甚至會因為不願意交出不夠滿意的學習作品或工作成績，乾脆就自動放棄，逾時未繳。這情況有點像是學生考試，寧願缺考被打零分，也不肯面對自己可能只會拿到七十分（或更低分）的事實，用決然的放棄，來掩蓋對自己的不滿意。

關於這樣的論述，我起初有點不解，是因為它悖離自己的成長經驗。小時候的我，個性內向，有點懵懂，缺乏自信，我曾經遲交作業、也曾經逃學、連續一個學期沒寫作業……但純粹就是因為調皮與懶散，絕對與完美主義一點關係都沒有。

青少年經歷一些重大挫敗，痛苦到極致，讓我不得不脫胎換骨。長成大人之後，在工作上全力以赴，認真的表現，常使得主管與同事都給我「完美主義」的評價，但我心底很明白，只是盡力做到最好，並沒有超過能力所及的範圍，所以並不認為自己有所謂的「完美主義」。

我很可以理解心理學的論述：「完美主義」會導致拖延；但我也明白：**並非所有的拖延，都是因為「完美主義」。有時候，純粹只是能力或資源有限，導致無法在時間截止之前，把它做出來而已。**

也就是說，並沒有要求一定要做到多麼完美，至少達到基本的標準即可！然而，總有某些時候，是連這最低標準都無法完成。

少做一點，精簡一些，反而更有效率，也更有戰力

在微軟工作那幾年，因為一直有推出新產品與新版本的時間壓力，即使每天工作的時間已經非常長，依然無法將新產品企劃中的所有規格，以應有盡

有的方式一次完成。

所以當時微軟研發新產品的原則，是盡可能列出未來產品所需的規格，但容許分批完成。如果有些先進的產品功能，是這一個版本來不及完成，就把這些新的規格，放在下一個版本。

當然，能夠這樣做的前提，是已經完成的新增功能，足以應付現階段市場上使用者的需求，也能勝過競爭者。只要能符合這兩項前提，就可以先把新產品推出上市。

少做一點，精簡一些，反而更有效率，也更有戰力。

我把它稱之為：**「比爾．蓋茲的時間管理幸福學」，包括下列三項原則：1.夠用就好；2.不必完美；3.容許後補。**

而這三項原則，也不只能應用於時間管理，還可以延伸為寬容厚道的處世哲學。尤其是面對別人的態度，能夠做到放寬標準、不苛求完美、有空再補，彼此關係就會圓融很多。

Time Out! 

你是個「完美主義者」嗎

曾經有人說過你是個「完美主義者」嗎？觀察一下自己，是否有下列情形：

1. 當作品或成果不夠完美時，會寧可不交？

2. 總是希望把事情做得盡善盡美，導致拖到最後一刻才開始動作？

3. 無法順利完成任務，並不是因為達不到，而是你為自己設下了一個太過理想化的高標準？

如果出現以上這三種狀況，提醒一下自己「夠用就好」，對別人厚道，更要對自己適時的寬容。

賦予自主的意義，化被動為主動

學會轉念，接納生命所有的發生，找到這個經歷對成長的意義，就能把原本不情願的態度，轉為心甘情願，時間因此更能被妥善運用。

成為大人以後，我們常感到「時間不夠用」；但比「時間不夠用」更嚴重的，其實是「時間不自由」。也就是無法完全按照自己的意思，在當下做自己真正想做的事情！但，事實真的是這樣嗎？

若回想學生時期，按常理說，時間應該是更不夠用、也更不自由啊，彷彿時時刻刻被老師或家長限制與看管，那為什麼年輕的時候，我們可以肆無忌憚地揮灑青春歲月，長大以後過日子卻變得綁手綁腳呢？

這個問題的答案，可能與我們如何定義時間有關，更深入解析之下，將會發現更關鍵的影響是，我們如何看待自己。

擁有時間的自主權，會比較有幸福感

常聽到朋友感嘆「人在江湖，身不由己」！若未能擁有自主的決策權，確實會感到遺憾與無奈。

在時間的運用上，其實也存在同樣的感嘆。尤其，上班族最容易有時間的被剝奪感，總認為工作時間被別人或老闆操控。即使下班後，時間也未必是自己的，可能還要處理公務、或換成被家人綑綁，因此會一直感覺「自己的」時間不夠用。

西方傳統的時間管理學，依照時間是否能為自己所主動支配，而劃分為「自主時間」和「非自主時間」，或是相似的用語「主動時間」和「被動時間」。為方便讀者理解，我採用比較直觀的說法，把日常的時間劃分為「自主時間」和「非自主時間」。

「自主時間」代表你對時間的操控程度比較高、同時也是把時間花在做自己真正想做的事情上。例如：在網路的影音平台觀賞一部期待已久的精彩電影、把握休閒時間做個運動或散步、看一本你很喜歡的作者最新的創作、計劃下一次旅行等。

相對地，「非自主時間」意指你對時間的操控程度比較低、而且花費這段時間所做的事情，是你比較不情願的。例如：等一個遲到的人、路上遇到塞車、臨時被主管要求加班、報稅時排很長的隊伍、日常必須完成的家事、陪孩子訂正那些你已經教過一百次但他始終不用心的功課、處理一件交通意外的糾紛、甚至是你正在做的這一份只是用來糊口的工作……簡單來說，這些事情都含有「不得不」的成分，雖不一定很喜歡，但是必須去做。

若「非自主時間」佔據太多，勢必感到極大壓力而焦慮；「自主時間」越多，會感覺自我掌控程度較高，可以比較有自信，也比較快樂。

加州大學副教授凱西・霍姆斯（Cassie Holmes）在《更快樂的1小時》（先覺出版）書中提到一份涵蓋美國各地的調查指出：近半數的美國人從未感覺時間掌握在自己手中，三分之二的美國民眾則感覺匆忙。雖然美國和台灣有地理和文化差異，但忙碌的主觀感覺、或客觀數據，可能都相去不遠。甚至，亞洲地區人民，為了應付經濟成長與壓力，或許還會更嚴重一些。

她認為，每個人對自己可支配時間的長度，與快樂之間，存在以下關係：「若每天的自主時間不到兩小時，就會造成壓力與不快樂，但若多於五小時，就會因為減損目的感，而同樣會感覺壓力與不快樂。」

換句話說，一天擁有兩到五小時之間的自主時間，是比較剛剛好的安排。但是，這個標準對很多現代人來說，無疑是個近乎奢侈的期望。

尤其像我這樣的家庭照顧者，還要身兼經濟支持者，從分秒時刻持續到日以繼夜的忙碌，一天連二十分鐘的留白都很難獲得。如果把每件必須完成的事情，都歸類於「非自主時間」，把休憩的吃喝玩樂視為「自主時間」，生活豈不只剩下壓力與不快樂。

時間管理只是日常技巧；學會轉念更符合靈性的教導

回顧這二十幾年來的照顧者歷程，我之所以能承擔壓力，也沒那麼不快樂，是因為在向內探索的過程，學會以下的道理：

把每件待辦事項，都賦予自主的意義，視為自己想要規劃或執行的工作，以化被動為主動的態度轉念，認為每件事都是我真正想做，也樂於學習的課題，時間的標籤因此而翻轉，原本的「非自主時間」，就變成是「自主時間」。壓力變小，痛苦消失，即使稱不上快樂，但至少可以保持自在與平靜。

例如，陪媽媽等門診的時間，很容易焦慮難耐，但只要認清身為照顧者責無旁貸，積極面對處理，就可以平靜地用手機處理瑣碎的事情，時間變得好過很多。學會轉念，接納生命所有的發生，找到這個經歷對成長的意義，就能把原本不情願的態度，轉為心甘情願，時間因此更能被妥善運用。

成熟人生的時間管理，不會只是拿回時間主導權而已。更重要的是：藉由管理時間的過程，引導自己告別受害者的念頭，進而成為生命的主人。

非自主時間的轉念練習

生活中總有不少心不甘情不願的「非自主時間」。然而，就算無法實質上擁有更多的「自主時間」，也能透過接納和轉念，改變態度，也把時間變成自己主動的選擇。請利用以下表格，為讓你不耐煩的「非自主時間」進行轉念：

非自主時間	你的感受	這段時間能做什麼？	轉念後的感受
陪媽媽等門診	難耐、焦慮	休息、處理瑣碎的事	有效率
上班	在做老闆的事	把想學習的事納入工作目標	個人成長

豐富僅有的時間，即使短暫也璀璨

所有的時間，都是煙火。無論那段歲月或長或短，回眸一看感覺都是轉瞬之間。我們能做的，只是讓它意味深長。

很多人都渴望成為「金錢的富翁」，擁有實質的金錢財富，讓自己可以更有餘裕，去做想做的事情，或盡情享受人生；但你是否想過：無論擁有多少金錢，至少我們都可以做個「時間的富翁」。

而要成為「時間的富翁」，和實際上擁有多少可以運用的時間，存在的並不是絕對數字的關係。

有些人終日閒散，沒事可做，覺得人生百般無聊，度日如年，分分秒秒都難熬。有些人忙到連好好度假休閒的時間都沒有，但能夠在一杯咖啡的時間中，感受到豐盈富足。

就如同金錢財富一樣，有些人的資產已經上千萬，竟還感覺自己有很大的經濟壓力，有些人年薪未達百萬，卻能覺得時時刻刻都幸福美好。

時間，常被拿來和金錢做比喻。兩者之間的關係，確實非常微妙。

從靈性的觀點來看，時間和金錢，都是取之不盡、用之不竭的，它們並非物質標籤可以衡量的價值，而是宇宙中十分珍貴的能量。但相對地，若從世俗的經驗出發，時間和金錢都是會越用越少，而且隨著絕對數字的流失，感到壓力越來越大。

這時候，唯有報以感恩知足，才能破解世俗的迷思。

既要感謝別人、也要感謝自己，能夠於此刻的當下，以如此的狀態存在；無論是好或壞，只要認定一切都是因緣合和，就會知足而更惜福。試著去豐富每一時刻的意義，即使時間非常短暫，也能夠讓它變得璀璨。

即使是充滿苦難的日常，都能因為盡力用心感到幸福

一位好友本來工作順遂，卻因為昔日主管轉換到一個新創立的部門，需要人手幫忙，有意對他挖角，而面臨抉擇。這位主管邀請他協助新事業，希望可以更快步入軌道。接到這份邀請，他深深感動於昔日主管的器重與委託，但也難捨於自己手邊的職務。

幾經考慮與研議，他徵得現任主管與總公司的同意，以暫時調任三個月的方式過去幫忙，任務完成後再歸隊。

對他而言，這是一個十分重大的決定。他很慶幸，自己能獲得新、舊任主管的賞識。暫調的那三個月，他懷抱著戒慎恐懼的心情全力以赴，承擔巨大的工作責任與時間壓力，也曾經為了跨部門溝通受阻，有難熬到如坐針氈的時刻。但專案結束後，他的任務圓滿完成，卻覺得時間過得很快。

事隔幾年回想起來，更覺得那三個月過得就像三天一般快速，而且是他職涯發展上，一段具有非比尋常意義的時光，也透過這樣的歷練，使自己更加

穩健成熟。

以上是這位好友分享他工作上的經驗，而我在家庭照顧漫長的歲月裡，常有另一種相似的感動。或許各自處境大不相同、時間長短也不一樣，但在當下都發現時間的魔法：**只要能夠豐富過程中的意義，即便只是一段很短的光陰、甚至進行得有點匆促，也都會是生命裡寶貴的印記，並且因為收穫滿足而相信自己已經是「時間的富翁」**。

由於媽媽曾經中風、加上罹癌，必須持續接受醫療以控制病情，門診次數既多又頻繁。有時候，甚至大清早抽血檢查之後，當天還有四個門診要趕。

在這種被我視為「長照戰鬥日」一天裡，我還是會盡量利用空檔，安排醫院附近的在地小吃、或媽媽特別喜歡的美食，慰勞她在病痛中奔波的辛勞。哪怕只是僅能坐下來喝一杯拿鐵、吃一片小蛋糕的片刻時光，都能讓我們母子與看護三人，感覺自己還是在享受人生。後來也成為彼此共享的美好記憶，茶餘飯後聊起來，竟然也忘了看病的辛苦，在心中留著咖啡與蛋糕的美好滋味。

所有的時間，都是煙火。無論那段歲月或長或短，回眸一看感覺都是轉瞬之間。我們能做的，只是讓它意味深長。

即使是充滿苦難的日常，都能因為盡力用心感到幸福。事件本身或許是辛苦的，只要選擇看待與詮釋的角度，一定可以是甜蜜的。關鍵的差別是：你要怎麼看待、又如何詮釋？所幸，這完全可以操之在己。

把握「專注集中，盡力盡興，重新詮釋」三個原則

至於，如何豐富時間的意義呢？可以把握以下三個原則：

1. **專注集中：**全心全意地聚焦於那一段時間的主題，不要左顧右盼。
2. **盡力盡興：**既然決定了，就使盡全力去經歷，再苦都能發現樂趣。
3. **重新詮釋：**用不同角度思考，有助於豐富意涵，因此有更多收穫。

別再感嘆「人生苦短」，也不必指望「來日方長」，只需活在當下，每一刻都可以精彩萬分。

Time Out! 

讓你感覺「意味深長」的，是哪些時間

在你的生命之中，一定曾經有過或長或短，讓你覺得愉快難忘的時光。在下面記錄下這樣的經歷或小事吧！

· 和〇〇〇一起喝咖啡、吃蛋糕。（舉例）

·

·

·

·

·

最後，想想看：有沒有可能在現在的生活中，為自己安排更多像這樣的美好時光？

做重要的事，就沒緊急的事

習慣把自己當「救火隊」是會上癮的。別太習慣敲響時間的警鈴，以免做不成打火英雄，反倒淪為自己人生的狗熊。

有一種人總是以「大忙人」自詡，匆忙來去，像一陣風！不僅是嘴巴講：「好忙，好忙。」聽見別人喊他：「大忙人」，也有幾分得意。其實可能別人看不出來，自己也沒感覺，他都在忙著救火，驚險萬狀，自得其樂。但他也是真到累到人仰馬翻，還會抱怨：都沒人可以幫忙。

以上描述的這種人確實很忙，而且忙到每件事都要本尊處理，似乎無人可以取代他。最明顯的特質是：他習慣忙於處理緊急的事。而最主要原因是，他每天都在擔任救火隊，處理很緊急的事情，甚至獲得成就感，覺得自己很有本事，而且很過癮，卻忽略一個事實：如果提早規畫構想、動手執行，這些緊急的狀況，就不會發生。

猶如那句耳熟能詳的諺語：「平時不燒香，臨時抱佛腳。」轉換個比較正向的說法：「只要平時有按時燒香，就不必在碰到臨時狀況時猛抱佛腳。」

習慣性的拖延或忽略，會讓事情變得很緊急

有個朋友的愛車，因為電瓶老舊，臨時在路上拋錨。他在十分緊急之下，呼天搶地叫拖吊車，上網詢問後在皮夾找到一張可以享有拖吊優惠的信用卡，好不容易拖到我家附近的汽車原廠進行修復。我趕去探望，見他全身溼透，整件襯衫和西裝外套，明顯都是汗水痕跡。他很驕傲地對我說起那張信用卡有多厲害，我想到而沒說出口的是：「你開這麼好的車，居然沒有按時

進廠做定期保養？」心裡有很深的感觸與覺悟：

想偷懶省重要的小事；必然帶來緊急的大事。

因為從事企管顧問與教育訓練的工作，我身邊確實有很多這樣的主管，行事風格就是如此。先不用舉什麼重要決策的實例，就以生活日常事件說明。要到外地出差開會，沒有先規劃好時間，當天才要訂高鐵票，碰到尖峰時間，理想的班次一位難求，常因此延誤其他行程。有時運氣好，訂位成功，還得意洋洋地說：「售票員跟我講，是最後一個座席。」

還有一次經驗，是我受邀到某企業演講。適逢颱風在外海滯留盤旋，我提早一個星期向主辦單位詢問：「若當天颱風來襲，是否有應變的替代方案？」對方回答會看氣象報告再說。耽擱幾天後都沒有回音，直到演講日期前夕，他還在等當天午夜的人事部門決策。後來是隔天清晨才宣告放颱風假，上班後他急著跟我改敲其他日期，看接下來還有哪天空檔可以安排。

無奈當月份我的行程都已經排滿，本來還有一個空檔，但就在等他決議的那幾天，被電視節目敲了通告，必須改約三個月後的時間，他因此被高階主管責怪，雖然我幫著緩頰，還是無法改變演講必須延後的事實。

習慣把自己當「救火隊」是會上癮的。別太習慣依賴時間的警鈴，總是要拖到最後一刻才有行動，以免做不成打火英雄，反倒淪為自己人生的狗熊。

劃清時間界線，人生才不會搞錯重點

傳統時間管理的理論，以「重要性」與「緊急性」兩個軸線，將事件切分為四個象限：

第一個象限：重要；而且緊急。例如：汽車在半路拋錨、考績不好被主管約談、男（女）朋友突然提出說：「有空嗎？想聊一下，我們之間該這樣繼續下去嗎？」

第二個象限：重要；但不緊急。例如：定期身體健康檢查、在日常中真誠對待伴侶、向未成年子女表達愛與支持、平時就請教主管：「您滿意我的工作狀況嗎？哪些地方需要改進？」

	重要性	不重要性
緊急	1. 重要；而且緊急	3. 緊急；但不重要
不緊急	2. 重要；但不緊急	4. 不緊急；不重要

第三個象限：緊急；但不重要。例如：突然按電鈴求見，居然是來向你借錢周轉的朋友。借錢，對他來說很重要，對你而言其實不重要。

第四個象限：不緊急；不重要。例如：看八點檔連續劇、上網追劇、滑手機追蹤朋友在社群張貼的吃喝玩樂照片。

從以上的解析和舉例，可以得到下列三個結論：

1.只要盡量處理第二個象限，「重要；但不緊急」的事情，就不會經常發生第一象限「重要；而且緊急」的事情。

2.人生應該把大部分的時間，花在第二個象限「重要；但不緊急」的事情上面。

3.第四象限的事情，常常花你很多時間，但對你的幫助卻很有限。

理解各時間象限的特質，再把握這三個重點，你就可以把人生過成自己想要的樣子。

Time Out! 

透過四個象限練習，活出想要的樣子

這篇介紹了以「重要性」與「緊急性」區分的時間管理系統。先在以下十字軸線所交叉而成的四個象限中，填入你的工作或生活事項。

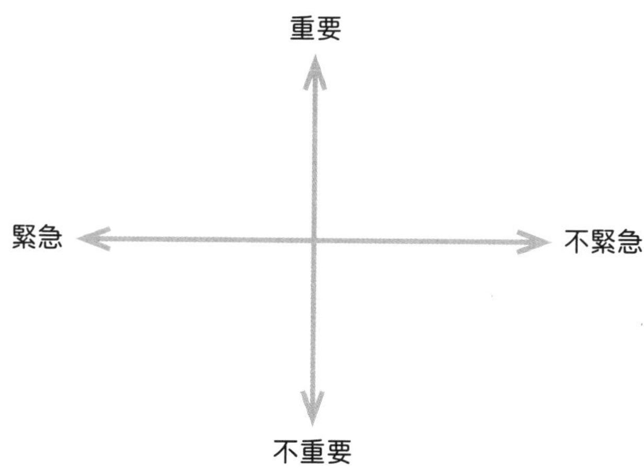

你列在「重要；但不緊急」象限裡的事情有哪些？請為他們訂定出需要完成的時間，再一一去執行吧！

截止日期效應，倒數計時更給力

當截止期限設定的長度合理，比預期中的略短一點，會讓人更想專注投入，產生極佳的時間管理效益：只做重要的事情，縮短工作時間。

偶爾經過一個傳統市場入口，看到賣純手工製作麻糬的老阿伯，在推車上掛著小牌子，註明：「特價優惠，只限今天」，很多民眾都會停下腳步，向前惠顧。連我這種平常很少吃零食的人，都為之心動，跟風買一小盒，帶回家孝敬母親大人。

後來再有幾次經過，都遇到老阿伯，推車上依然掛著「特價優惠，只限今天」的牌子，我心中並沒有受騙的反應，而是覺得老阿伯很有行銷頭腦。再觀察看他做著生意門庭若市，發現熟客們因為麻糬好吃而重複購買，對那「特價優惠，只限今天」招牌，根本見怪不怪。

其他過路客，就像第一次經過的我，看到限時優惠就眼睛一亮，加上這麼多人圍著推車買麻糬，忍不住立刻跟著排起隊來。

或許老阿伯看起來不是什麼頂尖大學碩博士班畢業，但他很懂得善用管理學的「截止日期效應（Deadline Effect，又稱為期限效應）」，激勵消費者儘速購買，以免錯失良機。

合理的期限，可以提升專注度與效率

從學生時代開始，大家應該就對「截止日期效應」非常熟悉。你是否還有印象呢？大考來臨前，教室黑板的某一側，每天都會有值日生，以醒目的字體更新標示：「距離大考，還剩○○○天！」

期限的提醒，可能是個壓力、也可能是個助力。對於升學有把握的人，會加把勁衝刺；但對於讀書進度已經落後到不抱希望的人，也可能提早放棄。所以，該如何看待期限，才能真正幫助自己完成任務呢？

這時候就必須了解，和「截止日期效應」相關的另一個理論「帕金森定律（Parkinson's Law）」它的主要內容是說：當人們知道工作期限後，可能會不自覺地想要慢慢消耗所有已經分配到的時間，只是被動地按照規劃進度的截止日期，才把工作完成。於是，本來明明是可以提早完成的，卻花了比實際需要更長的時間。而另一個可能是，正因為知道期限屆臨之前，還有一點空檔可以偷閒，所以更敢於懶散放逸。也就是一直要拖到眼看著截止日期快到了，才開始追趕進度去完成工作。

多年來研究這兩個理論，並以切身的經驗佐證，我的建議是：**截止期限的長度必須合理，並且比預期中的略短一點點，才能具有提醒的激勵效果**。它絕對不能長到令人太安心，覺得是天高地遠，還有很多時間可以慢慢處理，也不能短到令人覺得根本無法完成工作，而想直接放棄。

當截止期限設定的長度合理，比預期中的略短一點，會讓人更想專注投入，進而產生極佳的時間管理效益：只做重要的事情，縮短工作時間。順序倒過來，邏輯依然成立：縮短工作時間，只做重要的事情。

這兩個邏輯的共同之處，就是：**避免浪費不必要的時間，並且因為專注，而提高工作的效率。**

《期限效應》（采實文化）書中提到：你以為時間再多一些，就能做得更好一點。但事實上，時間越多，只會越拖延；反而是「期限」讓你不分心、更有效率。例如：給予比較短的交稿期限，人們繳交的比例更高。美國微軟公司近年來嘗試讓員工一週工作四天，產能卻大幅增加百分之四十。

因為生命有期限，活著才更有寶貴的意義

在行銷上應用「截止日期效應」，確實有助於增加業績；上班族也可以靠著對專案的期限有警覺性，而提升工作效率。

站在人生的高點來看，傳統市場賣麻糬的老阿伯，推車上「特價優惠，只限今天」的招牌，並非是做生意的噱頭而已，更是人生豁達的態度。誰能預料，自己還有多少個明天呢？

所以，也不必奢談，此生還有多少「願望清單」等待完成。無論想做什麼努力、想對誰表達愛意，就請都抱著「只限今天」的心態，去付諸行動吧！這並非悲觀，反倒是置之死地而後生的積極，讓自己每一刻都活在當下。

正因為生命有限，認真活著的每一刻，才有價值非凡的意義。如果每個人都能長生不死，或許就不會對所有相遇的萬事萬物珍重疼惜。

「截止日期效應」，也可應用於幫助自己度過難關。在那些感覺十分痛苦難捱的時候，只要心裡明白：這一切，都在倒數計時，終會有解脫的一天。**當我們懂得在煎熬中賦予時間期限的意義，過程中的痛苦，便會成為蛻變成長的轉機。**

Time Out! 

利用截止日期效應，加速完成工作

1. 現在手邊有沒有需要比較長時間進行，又符合重要原則的事項呢？請把這些事情寫下來。

2. 接著，請先寫下你認為完成這些事所需要的時間。

3. 縮減上述表列的時間。若是一個月，請縮短三至四天；若是兩週，則請縮短一天至兩天左右。

4. 將縮短後的時間，訂為這件事情需要完成的截止日。讓這個期限給自己適度的壓力，並排出能如期（提早）完成的進度表吧！

請人代勞，自己才不會過度操勞

凡事都事必躬親，對部屬不放心、對工作不放手，又沒有針對接棒做系統化的教育訓練，長年以來就會形成「強將手下多弱兵」的局面。

與「時間管理」相關的所有策略中，「授權」是最重要，但也最困難的一環。多數企業主管之所以忙到無法分身，大部分都是卡在這一關。還有一些早期的創業家，雖然建構規模龐大的事業，也因為後繼無人而必須撐到八十幾歲還不能交棒，甚至最後讓整個態勢由強轉弱，終而被競爭者超越。

大至企業、小至家庭，都有「授權」的問題。傳統家庭中，所有勞務多半都由母親一肩扛起，等她忍到極限開始抱怨，要求分工合作，但配偶與子女因為不具備相關經驗與能力，連最細瑣的家務都難以勝任，不知道是不肯學、還是真的不會做，總是越幫越忙，家庭主婦看不下去，只好把工作又撈回來做，因此形成惡性循環。既然沒人可以代勞，只好自己繼續過度操勞。

類似的畫面，在政府機關或企業組織也很普遍常見。尤其是以「強人」為主的領導的體系，主其事者早已習慣事必躬親，對部屬不放心、對工作不放手，又沒有針對接棒做系統化的教育訓練，長年以來就會形成「強將手下弱兵多」的局面，而他的手下反而覺得自己有志難伸，實在很可惜。

不能充分授權，就無法真正放下

這些能力超強的領導人，有的是對決策權力上癮，有的是長期形成過度努力的工作模式，有的是在潛意識裡怕被後進超越，所以不只霸佔位置不肯下來，也牢牢抓著工作不放，直到讓自己做到衰老疲累，或是百病纏身，依然必須面對無法順利交棒的殘酷局面。他們口口聲聲說的責任，其實是對權力的戀棧，讓自己一生都活得汲汲營營，半刻不得閒。

解析這些主管之所以無法透過工作上的順利授權，而拿回自己生命時間的主導權，問題出在下列「四不心態」：

1. 捨不得：除了戀棧自己的權力之外，還有對短期成本的斤斤計較。

2. 找不到：因為捨不得，就會更先入為主地認定找不到合適的人選。

3. 教不會：覓得良才，但因教導的耐心不夠、方法不對而彼此受挫。

4. 改不了：若不能徹底改變心態與作風，就會惡性循環地回到當初。

以上這「四不心態」，可以說是非常典型的癥結，導致授權失敗、時間失控。從基層或中階主管忙到沒日沒夜，犧牲自己與家人的生活品質，一直到企業主至七老八十還不敢退休享清福，耽誤的不只是時間，而是寶貴的人生。因此，要從改變自己的潛意識開始，務必要清除掉「忙是好事」的觀念，要很有警覺性地提醒自己：「我為什麼會這麼忙？」「真的都無人可以代勞？或取代我的工作嗎？」同時請釐清這個觀念：

每一個人的獨特價值，確實是無可取代；但工作的執行卻是可以交接的。透過充分授權，被取代的只是工作的執行，並非是權力下授的這個人。而且真正的授權，不只是把權力下放而已，更重要的是用心成全接棒的人。

這個想法，可以讓必須授權的人，感到比較安心。換個立場，如果你是正在被培養的接替人手、或是企業家第二代，就更要建立這個觀念與界線，適時對教導你的前輩表達敬意與感激，以免彼此為了「留一手」而心生芥蒂。

除了刪除「忙是好事」的概念，還要更積極建立**「少做一點，並不是想要偷懶，而是有意識地讓自己可以把時間用在更值得的地方。」**這個全新的觀點，才能往充分授權的方向大步邁進。

讓專業的來接手，不要對別人有錯誤期待

所有適用於辦公室的授權理論，都能延伸應用於家庭生活之中。例如，很多人都羨慕我家的印尼看護小姐，持續十幾年來，盡心盡力地分攤照護家母

的工作。我當然很感激她，也謝謝上天促成這個緣分。但其實當年我在聘用她之前，與人力仲介公司有過很深度的溝通與準備。

我把母親日常需要照護的工作內容、要求技能、花費時數，以及她的福利待遇、獎勵辦法、休假規範，條列得清清楚楚，確保彼此的期望沒有誤差。

等到確定合作，她來到台灣之後，從語言學習到日常照護，我都按部就班教導，她也非常主動積極配合，逐漸培養彼此的信任與默契，讓家庭照護可以平順地運轉。**雖然過程中難免會出錯，但每一次的挫折經驗，都是雙方共同面對與改進的機會**。因此而日積月累地發展成沒有血緣的家人關係。

家母罹癌住院治療與追蹤的那七年，家庭照護人力遭遇前所未有的緊繃狀態，我和看護都是蠟燭兩頭燒。有些同事看我日以繼夜奔波勞苦，關心地問：「為什麼不主動向親友求助？」我的答案是：「寧願另找專業的幫手來協助，也不要對那些覺得事不關己的親友有錯誤期待。」

熬過那些日子，我更加確定：**授權，一定要找對人，絕對不能圖方便、貪省事，否則一定會越幫越忙**。甚至和親友傷了感情而反目，得不償失。

Time Out! 

透過授權，讓別人成為你的助力

如果覺得自己真的「忙不過來」，請先挪出三十分鐘，思考一下要怎麼把工作交給別人。

1. 盤點手中的工作，以及需要完成的時間。

2. 將大項目拆成細項。確認哪一些是必須由你完成、哪一些是可以由別人代勞的。

3. 思考由別人代勞的代價是什麼？會需要花更多的時間教會對方？或是需要付出金錢？這個代價是支付得起的嗎？是否符合終極目標？

4. 把「分配工作」列為隔日待辦的優先項，把工作的重擔和壓力，都一起分攤給能夠助你一臂之力的人吧。

掛牌公告：請勿打擾

必要時，就勇於做一個不好惹的人，讓那些持續消耗你時間的對象，知難而退。要做到彼此尊重，就從不打擾對方的時間開始！

我從小就對未請自來的不速之客很反感，當時不懂得如何應對與反擊，只會委曲求全順對方的意，之後就越想越生氣。從前以為是在生氣對方；後來才知道那種情緒，其實是討厭自己的無能為力。直到經過很多磨練，我終於懂得拋開負面情緒，理性面對這些不速之客，禮貌而且溫和地告訴對方：「這個時候，我正忙，沒辦法好好招呼，請你擇日事先約好時間再來。」

短短一句話，我是花了數十年的醞釀，到真正成為大人以後，才能以不帶負面情緒的口吻說出來。至於對方感受如何，並非我所能控制，所以勸自己不需要太在意。我只能期望對方，下次記得提早預定時間，只要依約而來，我絕對熱情相待。

回想起來，為什麼會對不速之客這麼反感？跟我的成長經驗，有很大關係。爸媽都是非常好客的人，常有親友不請自來，本來以為只是來聊天，哪知道聊著聊著，就自動留下來用餐。這不只搞得全家人仰馬翻，還可能影響到未來幾天的家庭經濟捉襟見肘。從父母的強顏歡笑，體會到背後的勞苦辛酸，內心十分不捨。

那個年代，台灣經濟尚未發展起來，像我們這樣的小康家庭，突然之間要招待不速之客，即便只是一桌家常菜，都要大費周章，而且勞民傷財。主人口中客套的「吃個便飯」，其實就是掏心掏肺地，竭盡所能拿出最好的佳餚招待。加上吃完飯後的整理清潔工作，完全打亂生活節奏，更是令人煩厭。

在我未能自主的階段，眼看家中大人順應這些白目親友的打擾，從來不覺得那是真正的人情味，即使小小年紀，我都認為：**人情，必須建立在同理與尊重之上**。我不能改變親友與父母的態度；但立志長大後不要像他們那樣。

申明自己的時間權益，讓不速之客知難而退

幸好，我成年後進入職場，待的都是很講究時間管理與尊重個人的外商公司，長期被訓練得對時間很有潔癖，就算只是要透過電話溝通，討論比較重要的事項，都會事先跟對方提前約時間。時至今日，通訊軟體非常發達，即便要跟對方簡單通話，我也會先發送文字訊息，問對方是否方便通話，而不是貿然打擾對方。

但回到私人領域，這些困擾依舊存在。照顧母親這二十幾年來，類似的事件層出不窮。尤其母親中風或罹癌住院期間，親友探病都不自己斟酌時間，想來就來，既不看病人是否正在休息、也不顧慮是否停留太久，實在令人疲於應付。母親出院回家療養，有時候親友明明好意送東西過來，卻碰到我們

正要休息或出門，就會耽誤接下來的行程。

我很能明白這些不速之客的作為，要拜訪或打電話，都以他們自己方便的時間為優先考慮，根本不會考慮別人是不是方便。說穿了，**不速之客之所以未請自來，就是一種非常自私的心態，自己方便就好，不管別人是否方便。**即使他們做的是自以為的好事，都無法掩蓋造成別人困擾的事實。

人際關係的界線，其實包括尊重彼此的時間。長期忍耐被打擾，只會讓對方變本加厲。於是，我慢慢學會有話直說，拒絕對方自以為是的好意，讓他懂得考慮別人的立場。至少我會在被對方白目地初次打擾後，明白地說：「請你改在某某時間再來、或提早跟我們約時間！」讓他知道不會有下次。

媽媽聽見我溝通的方式，起初都會捏把冷汗，怕我得罪親友。而我確實也是這樣無所畏懼地得罪他們，以維護自己對於時間的主控權。如果你也苦惱於持續被打擾，我的建議是：

必要時，就勇於做一個不好惹的人，讓那些持續消耗你時間的對象，知難而退。要做到彼此尊重，就從不打擾對方的時間開始！

劃清時間的界線，才能擁有更正向的人際關係

在工作上，我會提醒一起工作的夥伴，哪段時間可以跟我聯繫、以及哪段時間不要找我。身處辦公室，即使是開放式空間，都可以像是去住飯店那樣，掛一個「請勿打擾」的牌子，讓自己在固定的時段可以專心工作。

我長期把手機設定為靜音模式，讓大家知道除非有事先跟我約時間，否則打電話給我也沒用，只能先留言，之後等我有空再回覆。

另一個建議是：提早公告，請勿打擾。說明自己即將開展專案，需要全神貫注投入，並輔以建立預約制，讓別人知道在不打擾的前提下，還是有些時段可以與你聯繫。**雖然不必時時刻刻拒人於千里之外，但一定要學會在某段時間，與人維持適當的距離，才能在百忙之中，依然感覺保留完整的自己。**

學會勇敢向打擾你的人說「不」！因為唯有劃清時間的界線，才能照顧自己權益，同時也因為彼此尊重，而擁有更正向的人際關係。

說「不」的練習

1. 思考你最容易想說「不」卻說不出口的場景是什麼。

2. 準備幾個適合自己的說法。例如：「這個時候，我正忙，沒辦法好好招呼，請你擇日事先約好時間再來。」或是：「我已經安排好了工作，請問你OO日OO點會有空嗎？我們可以那時再討論。」

3. 在工作的時候，不妨一週為自己訂出至少半天「請勿打擾」的時間。在這段時間把「自己的工作」當作最優先項，不讓任何人插隊。無論是完成需要集中精神、或是創意發想類的工作，或是做自己最想做的項目、當成是心情的調節，都會對自己的工作狀況更有幫助。

人生並不公平，除了時間——所以更要善待自己的每一分鐘

為了學習咖啡知識，好友信鈞邀請我深入產地去研究。經過幾次考察，我發現：風味絕佳的好咖啡，都栽種於十分陡峭的山坡地，傾斜到幾乎一般人很難站穩的角度，為的是：**讓每一棵咖啡樹，都能平均分享到陽光和雨露**。

適合栽種咖啡的緯度與海拔高度，日照時間並不長，朝陽晨光露出不久，午後雲霧裊繞，隨即大雨傾盆。全世界知名咖啡園的種子與樹苗，經過非常嚴格的精挑細選，並且花很多心血去培植。栽種到土地之後，必須讓**每一棵咖啡樹**都有適度的日照雨淋，防治蟲害，所結出的果實，才會甜美多汁。

公平。連種植咖啡樹都需要講究公平，更何況是人生呢？

長大後的我，看到所有人為努力所造就的平等，都有很深的感慨，只因為

年少的時候，我已經遭遇過太多的歧視，很早就認清、也接受了這個事實——世界的本質並不公平。所以，才會有這麼多人為了消弭歧異而爭取平等。

正因為我曾經遭受不公平的對待，也接受人生並不公平的事實，相對的委屈與憤怒都會減少很多。反而回過頭來安慰身邊那些，因為感覺不公平而痛苦萬分的朋友，建議他不要聚焦於人生的不公平，而是要看看可以透過哪些努力，好好運用自己有限的資源，獲得專屬於自己的幸福。

人生，確實並不公平；幸好，上天給每個人的時間都是公平的。你的一天，沒有比別人少過一分一秒。你的時間，也不會比別人走得更快或更慢。

我幾乎沒有辦法再舉出，比上天給每個人的時間更公平的分配。所以，接下來就是要看看我們自己，是如何對待時間、運用時間。

真正的愛自己、善待自己，就從珍視生命的每一分鐘開始，妥善運用每一天的時間。因為這是上天賜給每個人最公平的禮物，而且要如何使用都是全由自己作主。

不用再抱怨人生不公平，請先對自己公平吧！

Chapter 3

輕鬆活出時間的餘裕

當你不受限於時間是線性的慣性，
就能為自己創造出時間的無限可能。

重塑大腦：時間不是線性的

時間，是一種感覺。記憶，是影響感覺的線索。真正能穿越時空的，是經過記憶所形成的感覺。避開大腦操控，才能跨越時空。

時間不是線性的。儘管很多科學家，包括愛因斯坦，都提出這樣的論述：「如果一個物體移動得快，時間的速度就會慢一些。」但可能還是有人從未聽聞、或即使深入研究依然無法理解。在我的觀察裡，越是相信自己頭腦的人，就會越難接受這個觀點。因為，時間非線性的核心概念之一，正是：**時間並非固定單一的存在，而是被大腦想出來的一種幻覺。**

無論你是否相信這個說法，至少可以客觀地看待以下這個比較中立的論點：**我們對於時間的體驗，來自兩個方面：一部分是物理的，另一部分是感知的。**

例如：製作一顆完美的溏心蛋，煮熟的程度，關乎時間的長短與火力的大小。它的變數，並非只是時間。如果按照食譜標示的「水滾後三分鐘撈起」，忽略火力的因素，就未必能如願獲得恰到好處的半熟蛋。所幸，時間長短、火力大小屬於物理可以測量的範圍，初學者能以數據做為參考，但你一定也聽過有些人做菜都是「憑感覺」，不太需要仰賴數字，就能精準完成工作，那代表的是經驗的累積，已經把技術化為藝術的功力。

認識大腦與記憶的特質，憑感覺穿越時空

日常生活中對時間的純粹感覺，是非常主觀而且獨特的。「一日不見，如隔三秋」就是一種典型的體驗。跟喜歡的人約會或相處，五個鐘頭過去，就

像一個小時般快速。上班時聽老闆訓話，如坐針氈地把十五分鐘誤以為是被罵半小時，這也是常有的事。和朋友看同一部電影，喜歡的人以為時間過得很快，不喜歡的人覺得熬了很久，這些都是各自對時間感知不同的結果。

時間，是一種感覺。記憶，是影響這份感覺的線索。真正能穿越時空的，並非靠人的身體，而是經過記憶所形成的感覺，而且必須避開由大腦來操控這份感覺，才能跨越時空的疆界。

因為大腦對過去事件的記憶，未必是百分之百真確的。已經有許多科學實驗證明，讓幾位一起參與某個事件的當事人，在事隔多年後回顧同一個事件，各自憑印象所陳述的「事實」並不盡相同。

這些實驗，讓科學家既欣喜又擔憂。欣喜的是，每個人對未來的想像，都是基於過去的記憶。無論過去的記憶真實程度有多高，至少是可以想像未來的依據。人們因此可以在過去與未來之間穿越，而不是受限於只能從現在前往未知的單行道裡。令人擔憂的是，部分不當的負面記憶，有可能讓當事人心生恐懼，因此失去對未來的美好想像。

有幾部知名的科幻電影，不僅詳實的描述人們穿越在過去與未來的體驗，甚至以不同的「維度」或「次元」的立體架構，鋪陳出「過去」「現在」與「未來」是同時並行的，也可能在某一個特別的時間點互相交疊。

其中《星際效應》（Interstellar）是經典的代表作品，由馬修・麥康納飾演單親爸爸庫珀（Cooper），基於保護女兒與地球人類，展開太空任務。庫珀在第一顆星球上的幾個小時，居然等同於地球的二十三年。專案結束，父女重逢，彼此經歷的時空已經大不相同。以地球時間計算，兩人從離別到重逢，相隔九十一年，女兒墨菲已經年老垂死，而父親因為穿越時空回到地球，年歲並未等同於地球的算式，相對保持年輕。他重新經歷出發到太空旅行之前的迴圈，但每一次的選擇，都會是一個嶄新的決定。

打破線性時間的限制，靠想像力就能美夢成真

這部電影引述「蟲洞」的理論，認為時空是可以彎曲的，會在某個地方

疊合在一起。人類只要穿越「蟲洞」，就可以到達另一個十分遙遠的時空。在這個理論的推定之下，「過去」「現在」與「未來」，並不是線性的單行道，而且能在某些重要的時刻交會。

應用「時間非線性」的概念，我們可以回到過去，依照自己現在的意願去改寫記憶。這個方法已經被廣泛地使用於靈性的諮詢、或心理的諮商，特別是幫助個案療癒童年成長的重大創傷，有助於扭轉負面事件的記憶，重新詮釋它的意義，帶給自己正向的力量。

既然可以回到過去，當然就可以想像未來，以提前體驗的方式，創造出自己想要的未來，透過「心理演練」讓自己美夢成真。

每個人，都可以穿越時空？這個問題的答案，在於你是否願意嘗試重塑大腦，跨越「時間是線性」的障礙，開始鍛鍊感知的能力。當你不受限於時間是線性的慣性，就能為自己創造出時間的無限可能。

Time Out! 

大腦也有儲存幸福記憶的機制

1. 在《Happy Stress壓力是進化你大腦的「武器」》（悅知文化）一書提到「進入腦中的訊息將會改變大腦神經細胞的結構，以記憶痕跡的方式與你同在」，因此，請察覺自己「內在」的幸福反應，並且將這樣的訊息輸入進你的大腦中。

2. 種植記憶時，還要有「感受」。不是只有浮於表面「天氣不錯，讓人很開心」，而是察覺到「自己體驗到開心」的正向感受，並藉由腦中不斷回想，這些訊息才被植入在大腦裡。

3. 請從小地方做起，將身邊四周所有的訊息，逐一盤點，像是所見風景、擦肩的路人們，不要有太起伏的心情，而是著重在細微的反應上，去體會那瞬間的舒適性，然後再閉上眼回想，將畫面與感受深植於內心。

心流：最神秘的靈性境界

「心流」需要具備五個要素，並且因緣俱足，包括：挑戰的目標、深度的專注、高度的效率、強大的意識、和放鬆的心情。

曾經親自體驗過幾次神秘的經驗，讓我深深相信：**時間，未必是線性的。在某些魔幻時刻，時間確實是可以摺疊的。**印象最深的是，母親重病時的某個傍晚，我突然在六點五十分接到演講主辦單位聯繫窗口來電：「若權老師，您快到了嗎？來賓都已經陸陸續續入場就坐，這場演講預計會在七點三十分準時開始。」

當時，我剛開車載送做完治療的母親從醫院返家，正在為老人家準備晚餐。接到電話後如夢初醒，重新檢查確認才知道，這是一場幾個月前就約好時間的講座，中間有慎重地更改過一次時間，經紀人幫我重新登錄在電子版的行事曆上，是我自己忙到忽略了這個時間的異動。

眼看著演講馬上要在四十分鐘之後開始，而我身上穿著居家服，晚餐只準備到一半，估計最快要十分鐘後才能出門，包括：把烹煮工作交給看護幫忙繼續完成、梳理頭髮、換上正式的服裝、準備好演講要用到的器材與資料。

我七手八腳地匆忙動作，大腦也沒停下來，正發揮電算機的效率開始估算著時間：一般從住家開車到演講場地的交通時間，大約要四十五分鐘；時值下班大塞車時間，估計至少要一小時，若還要加上停車的時間……路邊叫車的話，就要碰碰運氣了。

看似茫無頭緒，卻條理清晰。我能感覺當下的自己，並非靠邏輯思考判斷，而是讓直覺帶領，決定放棄自行開車的念頭，飛快地出門，奔走到路口，瞬間有一輛像是天使派來接運的計程車，自動停下來讓我上車，穿過重重擁擠的車陣，如神蹟般地，只花費將近二十五分鐘，讓我在七點二十八分抵達演講現場，並神色自若地接受鼓掌，以慢動作似的姿態，從容步上講台——這景象與我在心中排演的情況，真的一模一樣。

進入「心流」的狀態，超越時間的存在

這是非常神奇的體驗，在我的人生中曾多次發生。回想起來，在千鈞一髮的時刻，我只專注想著該如何解決問題，讓自己可以準時上台，並在心中以十足的臨場感，進行反覆排演，最後終於實現。在十萬火急的當下，我沒有怪罪別人、也沒有責備自己、更不會想著「若遲到了怎麼辦？」而是一心一意促成自己，可以準時到達開講。

後來經過更深入的靈性學習，才知道，原來這就叫做**「心流」，需要具備五個要素，並且因緣俱足，包括：挑戰的目標、深度的專注、高度的效率、強大的意識、和放鬆的心情**。當進入「心流」的狀態，結果就會超越極限。

表現傑出的運動員，多半很熟悉「心流」的運作與過程。因為所有的運動賽事，幾乎都是身處高度壓力且時間匆促的狀態，每一瞬間都是千變萬化的。優秀的運動員，總能夠從容以對。

例如，明明必須在短短幾秒、或幾十分之一秒，就必須做出正確的判斷，以及相對應的反射動作，整個過程都是要很快速地做出回應，實際發生的秒數確實也很短暫，但這些決策在他們的心海中，卻像是播放慢動作電影畫面似的，有十分充裕、足夠的時間，去做出適當的反應，並且得分。

幾年前，我開始重新學習羽毛球。雖然我大學四年的體育課，都是選修羽毛球，但當年沒有好好下功夫，熟年之後希望能重拾年輕歲月喜歡的運動，再加以深造，讓自己更進步一些。上過一段時間的教練課程，我對自己的學習進展不滿意，便主動詢問教練，他觀察到我的動作和反應都過度急促，建議我要更沉穩一些，等對方發球後，再決定自己的步伐及方向。

當我獲得這些寶貴的建議之後，同時更仔細觀察球場上那些資深的球友打球。對比之下，發現自己都在使喚頭腦，而不是真正用心，很容易因為緊張而搶拍，反而錯失最佳的擊球點。所有優秀的運動表現，都是進入「心流」的狀態，即使動作激烈，內心卻是冷靜而沉穩的。

創造日常的「心流」環境，得到最佳成果

「心流（Flow）」理論，是由心理學家米哈里・契克森米哈伊（Mihaly Csikszentmihályi）在一九七五年所提出，描述一種完全沉浸、專注、投入的心智狀態。其實東方的佛學與道家，在更早之前就有相似的論述。我每次寫作時，都會進入這樣的狀態，無論俗事再忙，幾乎可以廢寢忘食。

了解「心流」的運作、以及應用方式，若要帶到日常生活或工作職場中，必須先幫自己創造出一個有利於產生「心流」的環境，例如，很寧靜、不被打擾、或讓自己感到安心。

同時也要設定具有挑戰性的目標，讓自己的技能可以高度發揮，透過某一段時間的專注，而在渾然忘我中，獲得卓越的成果。

Time Out! 

讓有意識進化成無意識，先從出門前開始

1. 請先有意識地記錄自己在工作日當天，出門前的時間。

2. 整理床鋪、刷牙洗臉、梳妝打扮、準備早餐、確認公事包等，任何細碎事件所花費的時間都必須詳實記錄。

3. 接著，確認家中所有物品的擺放位子，可以先親自逐一確認，之後能在腦中準確回放。

4. 最後，請不停的「有意識」在腦中規劃出門前任何動作的排序，並且親自履行直到十分熟悉之後，就能轉換成無意識的自在行動。

預支生命：學會向老天偷點時間

無論你將來想要怎樣，現在就可以開始去做。若是想避免將來不好的發展，現在就更要積極往好的方向去做。

錢不夠時，可以先向銀行貸款，預借現金支用，搭配能力所及的利率與還款方案，讓財務狀況不至於捉襟見肘。貸款不是什麼大問題，比較需要謹慎的是：如何使用借來的金錢？以及，要確定是否可以透過借來的資金，創造更多的利潤，除了按期償還之外，還能有所獲利？

例如，台灣很多學生都聽說、或使用過「助學貸款」，讓有經濟壓力的家長可以暫時鬆一口氣。如果子女可以因此安心上課，學得一技之長，將來找到工作，再慢慢賺錢償還，這種借貸就有它的存在的意義與價值。相對地，如果貸款是為了買名車，在親友面前炫富，並無助於增加收入。而且這樣的借貸，還可能成為日後的巨大負擔，甚至拖垮未來的人生。

對於時間的運用，也有異曲同工之妙。像預支現金的概念那樣，可以向老天先偷點時間，**提前把現在的時間，使用於未來的事項上**。像是提前學習知識或技能，就可以縮短將它變現的日程。或是利用現在的餘暇，先把接下來要忙碌的事情，做些預先的準備，這等同於是在預支生命，向老天偷點時間，比預期中更早累積財富、完成工作、或達成目標。

不用空等未來，因為未來就是現在

我認識一位大學生，從一年級開始就密集修課，到四年級時只剩少量的學分數，就能夠先進入社會從事正職工作，以彈性上班時間的方式，回學校完成課業。取得畢業證書的時候，他已經比班上同學多了一年的工作資歷。

他班上還有另一位女同學，是在大四上學期就把課業修完，利用下學期的時間去海外遊學。大家都在同一時間畢業，而她多了半年遊學的經驗。

以上這兩位大學生的例子，都是正向地預支生命。把「未來的計畫」提前到現在來執行，並徹底地完成，它的意義不只是提前進度而已，更是大幅減少蹉跎時光、浪費生命的可能。

相對地，有些同學是漫無目的地延畢，或有些上班族把原本應該用於學習精進的時間，都拿去花在玩樂上，這就是一種負面的預支生命，把向老天偷來的時間，都提前浪擲掉了。

預支生命如同向銀行貸款，若能妥善運用於正向的投資，就可以提早有很多收穫。但如果用在負面的地方，反而會增加債務，成為沉重的負擔。

傳統的時間管理，很強調「以終為始」的觀念，講究的是「以output為input」，乍看之下，很接近胡適先生的名言「要怎麼收穫，先那麼栽」，若以更精準的角度解釋，兩者之間還是有些微差異。

「要怎麼收穫，先那麼栽」比較強調努力的本身，勉勵大家不要只貪圖成果、好高騖遠，而忽略眼前該有的耕耘。但「以終為始」更重視的是：先具體而清楚描繪你想得到的結果，再依據這個結果去認真執行。

最近這幾年我教授「時間管理」課程，則更積極地倡議：**現在的我們，並不是在追求未來的結果，因為未來的結果，就是現在！不用等待、不必追求，在當下就讓自己活出未來的樣子。**

你不用等到有伴侶，才認為自己被愛！不用等到賺大錢，才覺得豐盈富足！不用等到退休，才開始享受悠閒！

努力於延緩老化，是積極正向地預支生命

很多年前，我就開始接觸「臨終關懷」，也曾經跟著社工在安寧病房學習服務。儘管很多病人，身體已經非常衰弱，為了減少遺憾，還是在陪伴者的鼓勵之下，說出他們未了的心願。只要可能的話，社工都會鼓勵病人和家

屬，盡量完成這些心願，彼此都可以安心面對生命的終章。

有位大學生隨同擔任義工的父母前來見習，深受感動之餘，也勇於提問，他說：「難道人生一定要遭遇垂死邊緣，才會有所醒悟，為了最後不留遺憾，才開始盡情揮霍？是不是這些看似積極的作為，其實也為時已晚？」

以病人和家屬來說，至少有個開始，總比完全沒做好。但再怎麼努力幫病人完成心願，也都還是在彌補過去沒有盡情活出自己的遺憾。我們只能趁著還擁有健康的時候互相勉勵：**不要把人生寄望於未來，而是要盡情活在當下。**尤其是類似「等到將來怎樣，我就可以那樣……」這種句型和思維，都是長大之後的我們，該極力避免的。**無論你將來想要怎樣，現在可以開始去做。更何況是想避免將來不好的發展，現在就更要積極往好的方向去做。**

擔任居家照顧者這二十多年以來，我一直沒有放棄運動，即使陪媽媽住院，我也可以練深蹲。其實我並不是多麼熱愛運動，而是認為與其等到年老要被迫復健，不如現在主動健身。畢竟，努力於延緩老化，也是積極正向地預支生命，這同時也是向老天偷點時間的一種非常有效的方式。

Time Out!

時間就是這麼少，試著創造更多餘裕

1. 1+1：有些時間，是可以「1+1」整合成為一個項目，例如：做家事時，聽英文廣播學習英文；在公車上，學習投資新知等。

2. 安排：善用Google行事曆，利用時間塊的設定，可以一目了然哪些天數的空閒時間是可以被安排的。

3. 取捨：不要花費多餘的時間在無謂的應酬、玩樂，虛耗精神、心情、情緒的事情。把多一些時間用於充實內在、進化心智。

捨得花錢買時間，收穫比想像的更多

花錢請別人代勞，既可賺到更多時間讓自己運用，也能從利他的角度，去成全對方的工作，彼此都得到成長。

時間，就是金錢！這句話很對，但也不完全正確。有時候，時間與金錢，無法完全替代。尤其當富翁遭遇無法用金錢換回健康生命的遺憾時，感受會特別深刻。所以，我們一般世俗凡人，碰到花錢可以買時間的時候，就更要學會捨得花錢，並且享受這樣的小確幸。或許，最後還可能會發現：捨得花錢買時間，收穫比想像的更多。

家母經歷過二次世界大戰物資缺乏的童年，即使扶養三個小孩長大成人，家庭經濟已經改善，她還是非常省吃儉用，捨不得非必要的開銷。她生病後的二十多年來，每個星期都要頻繁進出醫院接受檢查或治療，百分之九十八以上的趟次，都是由我親自載送。

朋友都問我：「幹嘛這麼累，請看護帶母親搭車看診，不就可以省下很多時間？」話雖如此，但畢竟看護是印尼女子，言語雖通，卻不識中文，加上很多病情變化，我還是覺得親自與醫師溝通，照顧周到，自己比較放心。

偶爾有緊急狀況，無法依時接送。我會事前書寫字卡、畫好路線圖、錄製語音，交代看護如何和計程車司機溝通，但媽媽還是寧願在醫院多花時間等我去接，不願自行搭車。我明白她對金錢的顧慮，因此不時要對她曉以大義。

老人家沒學過會計，缺乏「機會成本」的概念，所以要先讓她知道，我無法親自去接她，是因為工作時間衝突，若為了接送她而放棄工作，金錢損失更大。初期這個說帖奏效，她會「狠下心來」「咬著牙」自行搭計程車返家。但我還是可以感覺到，她很捨不得花這幾百塊錢，並為此而心疼不已。

花金錢，換時間，照顧別人生計，也呵護自己

媽媽必須和看護自行返家的機會不多，幾年來大約有三至五次經驗。所幸都碰到對她溫和禮貌的計程車司機，看到我準備詳細的說明字卡、路線地圖，會藉此跟她聊天，還誇獎說：「你好命，兒子很用心，交代十分清楚。」老人家經不起誇，下車時連五元零錢都不用找了。

回到家，看護把找錢還給我，短少五元，媽媽歉然地說：「司機很熱情，所以……」我趕緊安慰她：「你花錢搭車，不只送自己安全到家，同時也讓我可以安心工作。更有意義的是，你碰到好司機，也幫助他的生意、照顧他的生計。」

對我來說，安排媽媽和看護搭計程車，起初是花錢買時間而已，聊到這個層次，居然母子都覺得對促進社會經濟有助益，感覺是在日行一善了。這當然是玩笑話，卻是讓媽媽日後增加偶爾願意自行搭車的良善動機。

日常生活中，可以或需要花錢買時間的機會很多。有時候是無意識的消費

行為，若能夠以時間管理的角度來評估，做好妥善的規劃，化為更理性的思考，就看到花錢買時間的威力。

例如，添購電腦設備時，指定規格，將功能升級，特別考慮運轉快速而穩定的機型，再請熟識的商家直接到府安裝，多花一點錢，但省去親自去3C賣場的時間，日後使用操作也可以減少大量時間，提升工作效能。

有位朋友從事會計工作，固定每月某幾天會加班，她和同事都會事先統計人數，登記菜色，然後一起叫餐外送，多花點錢付送餐的運費，可省去大家外出用餐時間。

社區鄰居多半是雙薪家庭，很多住戶都將家事外包，週末可以和家人享受休閒時光，不必在家翻天覆地打掃。看在老一輩眼裡，簡直是奢侈浪費，但對現代家庭來說，花錢買時間才是明智之舉。

至於，究竟花費多少「金錢」，買到多少「時間」？**「金錢」與「時間」的對價關係，通常不是絕對數字可以衡量，而是一種主觀上呵護自己的感覺，這種幸福是無價的。**

透過外包，建立取代系統，檢視工作的必要性

我其實也常思考，媽媽無論去哪都希望我親自接送，可能並不完全是想省錢，而是一種心理的依賴。**凡事一旦牽涉情感因素，就不是金錢可以衡量或替代的。**就算願意花再多金錢，也買不到親子相處的時間。所以我逆向思考，反而是放棄其他賺錢的機會，親自接送母親，來換取與她相處的時間。畢竟家庭親情，不能全然以理性思考，這是另類的花錢買時間。

撇除個人領域的情感因素，**把花錢買時間的觀念，應用於工作上的授權或外包，其實是在建立正向的取代系統，讓自己無需事必躬親，可獲得更多自由時間。**這不但是給自己一個從繁雜瑣事中抽身的機會，也是鍛鍊經營事業的過程，從此不需要你本人親自投入，由系統代勞即可。

若要成功地授權或外包，前提是：先簡化你的人生與事務！正因為要花費金錢，你會更謹慎評估，哪些事情其實根本不需要做，直接刪除它，既省錢、又賺到時間，一舉兩得！

Time Out! 

錢再賺就好，時間沒了就是沒了

1. 錢該如何花在刀口上，應該評估「花這筆錢，能帶來何種效益？」是否能簡化工作時間？是否有增加財富？是否能增進人際關係？

2. 簡化工作時間，例如：遙遠的會議路程是否要搭計程車？如果能準確抵達會場（省去找路的時間）、還能在車上預先做好簡報的準備，以增加獲得標案的機率，當然選擇花錢坐車。

3. 增加財富，例如：將制式工作委託他人來處理，讓自己可以做更重要的事情，像是投資、洽談業務等。

4. 強化人際關係，例如：讓自己與對方都能獲得心滿意足的結果，錢就相對不重要了。

剔除不值得花時間的事情

什麼事情「值得」，牽涉自我內在的價值判斷，沒有絕對的是非對錯；只要釐清自己真正要的是什麼，就能做出取捨。

建立理財習慣，必須從記帳開始，重新檢視自己的消費行為，並分析哪些錢沒有花在刀口上。開始學習時間管理，也適用遵循同樣的原則，不妨先仔細記錄幾個星期、或幾個月的行程，讓自己可以更清楚，時間是花到哪兒去了？根據多年來我的授課經驗，一旦學員開始記錄行程，並加以分析，很快就會發現自己：常常無意識地把時間花在根本不需要做的事情上。

沒錯，簡單講，就是在浪費時間。就如同家裡的水管或馬桶些微漏水那樣，不查水表或看帳單，還真的很難發現這個重大警訊：竟會將大把時間，都浪費在與自己人生目標無關的人或事務上。

傳統時間管理的事件分析架構，把事情分為四個象限（請見本書第103頁），**人們最常浪費時間去做的，就是第四象限的事情：「不重要；不緊急」**。

剛開始的時候，學員都會覺得不可思議，每天這麼忙，時間那麼寶貴，怎有可能花時間去處理第四象限「不重要；不緊急」的事情，但記錄整理分析後，就很容易發現這類的事情，真的很花時間。

例如：追劇、滑手機等。表面上還可能會自我安慰說：紓壓，沒關係。但其實追劇和滑手機，並沒有真正紓壓的功能，頂多只是暫時轉移焦慮情緒而已，如果花太多時間與心力在上述的事情上，沒有處理好其他象限的事務，反而會讓焦慮的情緒變本加厲。

避免把時間花在和自己人生價值無關的事務

此外，道聽塗說傳八卦，也是看似紓壓，卻一點幫助都沒有，徒然浪費時間的無聊消遣，但有些人一聊開就是半小時到一小時，甚至花費更長的時間，這也可以直接在時間表上剔除，希望永遠別再出現的項目。有些人還發現自己會東摸摸、西摸摸，無緣無故浪費很多時間。

特別要留意的是，**有一些來自別人的要求，而自己一時心軟無法拒絕的請託。這類事項有共同的特質，就是對方認為很重要或很緊急，但對自己來說根本毫無意義。**

唯一有可能的價值，就是你以為幫了對方，就會建立更深的人際連結，但通常這只是你的幻想，而且根本是緣木求魚，通常會發生這種事，都是對方把你當作「工具人」，純粹想要利用你而已。

因此，在「如何剔除不值得花時間的事情」這個課題上，有三個原則需要嚴謹遵循：

1. 遠離八卦是非圈：聊八卦感覺有趣，容易上癮，也會滋生是非，對人生目標一點幫助都沒有。除非你的職業是影劇記者、或專業狗仔，才會覺得這件事值得花時間。而且世間報應，屢試不爽。喜歡刻意說三道四，為自己抬高身價、彰顯價值的人，事後都沒有好下場。

2. 有被討厭的勇氣：學會拒絕別人，真的很不容易！但這是學習時間管理，很必要的練習。若一味討好別人，而讓自己忙到無法喘氣，無論你幫對方到什麼程度，對彼此關係都會有負面影響。因為你的起心動念在於「不好意思拒絕」，而他會認為是你心甘情願，或覺得你也在貪圖與他建立更深的關係。與其事後不歡而散，寧可在一開始就拒絕對方的請託。

3. 釐清真正要什麼：既然要「剔除不值得花時間的事情」，就要先問自己什麼是「值得」，這牽涉到自我內在的價值觀、以及人生的基本信念。像我是一個長期的居家照顧者，為了陪伴長輩病老，盡量照顧周到，捨棄朋友聚餐、休閒活動，我認為很「值得」的事情，但別人可能覺得可惜。這其實沒有是非對錯，而是要釐清自己真正要的是什麼，就能做出明確的取捨。

提高個人的生產效率，不要被忙碌催眠自己

弄清楚自己真正要的是什麼？以及為什麼？就能說服自己，剔除與人生價值或目標無關的事務。

拒絕別人請託的時候，並不需要花時間、想理由去說服對方。「不！」就是你的底線，無須任何人體諒或允許。試著做一個不輕易妥協的人，甚至有點難搞的人，都沒有關係。因為你要做自己時間的主人，而不是為了別人的請託去效命的奴隸。

你不需要太在意對方的反應，也不用擔心這樣做會讓自己眾叛親離。如果身邊都是想利用你的人，趁早離開他們，你更應該覺得很慶幸，也會因此產生勇氣，而變得更獨立。

致力於提高個人的生產效率，而不是被永無休止的忙碌催眠自己。**唯有大幅剔除不值得花時間的事情，你才能有足夠的時間去做真正值得的事情。少做一點沒意義的事情，人生真正的意義就會發生在你的抉擇裡。**

Time Out! 

任性的取捨

1. 在私事方面，請稍微「自私」一點，以自己為本位，哪些事情會有「心動」、「想做」的感覺，就先去執行。

2. 在公事方面，當然會以團隊目標視為終點，但依舊先把手上的既定工作完成，才不會耽誤到其他工作，行有餘力再來協助別人。

3. 請評估每件事情的重要性，試著以不同面向，1-10分來判定：如「績效達成」「學習新知」「同事情誼」「自我滿足」，之後再依照自己意願，安排順序，或是割捨。

在時間罐裡，要優先放入石頭

挑出對生命有影響、有意義的重要事項，擺在最優先的順序處理，才不會讓自己糊里糊塗地落入忙碌的陷阱。

我是一名必須承擔經濟責任的家庭照顧者，多年來生活與工作的訓練，已經讓自己猶如三頭六臂般，把時間運用到極限的狀態。

即使需要做的事情，似排山倒海而來，絕大部分的時間，我都可以穩穩地接住，並且以從容的姿態進行，就算已經十萬火急了，我還是能夠在最後一秒按部就班地如期趕上。

其中當然有很多技術的鍛鍊與經驗的累積，但我認為最重要、也最關鍵的一項是：**在規劃時間的時候，把「設定先後順序」當作首要的前提，確定哪些事情對自己來說是最重要的，就要最優先讓它排進行程表裡，而且盡量釘選在原訂的位置上，不去移動調整。**

例如，一個星期的白天之中，媽媽有很多門診需要我親自陪同，這就會是最首要排進時間表的行程；現場的廣播節目則是第二優先；接下來是其他無法假手他人處理的家庭事務；再來是一些通告活動等邀請。

排完這些事情，如果還能有些空檔、或很細碎的時間，我可以用來安排運動、閱讀、聯繫溝通工作上的行政庶務、購買日用品、處理一些重要性與緊急性都還好的電子郵件……

需要在社群平台發文、或是出版新書需要趕稿的時候，我也能利用三十分鐘寫幾個段落。如果時間真的很短，我至少會先發想寫作的架構，把大致的觀點筆記下來，等到晚上或假日有一整段大片時間可以安靜書寫時，再把文章一一完成。

以心中的價值判斷，來排列事情的優先順序

你可以想像一個星期、或一天當中，自己可以支配使用的時間，是一個大型的杯子。然後把重要的事情當作「大石頭」，次要的事情當作「中石頭」、更次要的事情當作「小石頭」，其他細瑣的項目當作是「沙粒」。

根據傳統的時間管理原則，建議是先依序放入「大石頭」，再依序放入「中石頭」「小石頭」，最後倒入「沙粒」。若按照這個順序來做時間規劃，同樣容量的時間杯子裡，可以填裝最多的「石頭」與「沙粒」。這個原理是：「大石頭」先固定位置，再依序放入「中石頭」「小石頭」，它們會自動找到有空間的位置，最後剩下的空隙，則由「沙粒」填補。

反之，如果你弄錯順序，先把手邊的「沙粒」都倒入，就會佔據杯子大部分的位置，剩下能裝「石頭」的空間就很有限了。

我從《與成功有約》（天下文化）作者史蒂芬・柯維（Stephen R. Covey）的書中學到這個觀點，三十年來奉行不悖，經驗實證非常有效。在

網路上還能找到由梅爾．凱（Meir Kay）拍攝的短片「A valuable lesson for a happier life」，以具體的實驗影像，完美詮釋這個理論，並且把發人深省的結果呈現在觀眾面前，只不過將「大石頭」換成高爾夫球，把杯子替換成罐子，原理和結論都是一致的。

如同片中的教授對學生說：**「如果你把時間和精力，都花在一些小事情上面，就不會有時間去做對你真正重要的事情。」**

象徵有限時間的杯子或罐子，可以是一天、一個星期、一個月、一季、一年，當然也可能是你的一生。它的具體大小，並不是問題，關鍵是如何分辨事情重要性的等級？要能先做出重要性的正確判斷，排列順序才會有意義。

排列優先順序的最終目的，並不是在時間的杯子或罐子裡，填滿更多的石頭或沙粒。**在規劃時間時，排列優先順序的過程，可以讓自己更加確認：生活或工作中的事件，在心中位居怎樣的地位？**「該接這項工作嗎？」「該參加這次聚餐嗎？」「該立刻進行這個專案嗎？」多問自己幾次，就會越來越明白哪些人或事在心中佔有一席之地。

別小看沙粒，不謹慎處理，會聚沙成塔變為大問題

順序被安排在最後的沙粒，看似都是細瑣的小事，卻具有很大威力。如果你不利用零碎的時間把它處理掉，它可能會發揮「聚沙成塔」的效果，成為你的重大阻礙。或是它也可能形成一片流沙陷阱，讓你不小心掉進去。

以處理電子郵件為例，每天打開信箱都可能湧進許多郵件，可以按照重要性先做分類，優先處理必須趕快回覆的信件，其它就等有零碎時間再處理，垃圾信件則隨手刪除。否則，等信件堆積如山後，往往錯失回覆的時機，也會讓自己被資訊淹沒，等有空要處理時，已經難以下手而不知所措了。

另外再舉一個例子，無意識瀏覽社群平台的圖文，或許自己感覺只是利用零碎時間隨手滑一滑手機，但若沒有警覺到要適可而止的話，通常這些零碎的時間加總起來，就有可能佔掉日常活動的百分之十到二十，會是相當可觀的比例。所以說，無論大小事情，是「石頭」或「沙粒」，都需要保持敏銳的覺察，依照優先順序妥善處理。

越是細小如沙的事情，越要謹慎分配

1. 請先將「細瑣小事」分類，分出三種等級：「1天內要處理」「3天內要處理」「未必要處理」。

2. 也試著思考，這些小事情有做到「完美」的必要嗎？是否可以做到80分就好？

1 天內要處理	3 天內要處理	未必要處理

發揮時間的影響力

優秀的領導者，必須熟練於透過時間管理，營造共同的目標，建立評核的標準與獎勵制度，讓團隊有充分的共識。

領導，是「管理學」很重要的一環。若要成為一位合格、而且有魅力的領導者，必須能夠發揮時間的影響力。因為在每一項專案中，時間都是最重要、最寶貴、也最容易被忽視的資源。除了創意、人力與預算的管控之外，時間絕對是專案成敗的重要關鍵。更何況，**身為一個領導者，還能夠以優秀的時間管理能力，營造團隊的共識，並且贏得信任。**

回想起來，很慶幸自己之前在外商公司服務那幾年，有機會接觸專業的「時間管理」課程，學習到許多寶貴的觀念與技術，並得以在執行工作的過程中應用。

同時，公司也把時間管理當作培訓未來主管的重要指標，若想要獲得升遷的機會，就要有落實時間管理的能力。當年我對這套升遷系統並沒有特別的偏好，以為只是一個制式化的想法。直到後來自己有機會被擢升為主管，開始帶領團隊，才真正體會到「時間管理」對領導的重要性。

以時間管理，展現領導者的影響力

對於主管來說，做好時間管理，除了能夠提升團隊的工作效率，同時也有機會展現自我魅力。讓團隊成員可以因此而更認同目標，並願意被說服，接受領導。相對地，如果一個主管不重視時間管理，就很容易造成許多失誤。例如：延誤進度、士氣低落、資源浪費等。

倘若有意成為一個可以發揮時間影響力的領導者，建議要好好把握以下三個原則：

一、站在時間面前，以身作則：

身為領導者，自身確實遵守時間，是對團隊最好的示範。尤其是約好的會議時間，必須準時出席。**你是否重視會議時間，就等同於是否重視一起共事的人。你不遵守時間，無異於在浪費大家的時間。**

我曾經去一家公司演講，總經理事先答應出席致詞，並且在行程表上清楚規劃，安排在我上台前做三分鐘的開場。當天，他提前十分鐘到，與我親切寒暄，並核對一下他致詞的內容，確認資料正確無誤之後，準時上台開場，把時間控制到剛剛好，內容生動風趣，贏得滿堂彩，至今令我印象深刻。

連續觀察幾年下來，公司在這位總經理領導之下，業績屢創新高，我認為這都要歸功於他的管理風格——重視時間細節，精準判讀資訊，懂得掌握進度，因此深得同仁的心。

二、規劃時間進度，建立共識：

主管交辦事項，必須清楚說明期望完成的時間。每一項細部的工作，都要規劃時間進度，並且建立共識，以便追蹤確認。

交代工作時註明「越快越好」，同仁當然可以視為急件；但總是不如載明需要在幾年幾月幾日幾點幾分完成，要來得具體而明確。

通常越是十萬火急的事情，主管越無法交代清楚自己期望的時間與進度。因為他巴不得「立刻」「馬上」，但可能自己也講不出口，只好說：「盡快！」而被交付任務的同仁，若沒有當面問清楚，就很容易造成溝通的誤解。即使彼此知道要快，但到底是多快，還是要有具體的共識才行。

常有合作單位邀請我參加活動，來信卻沒提到希望何時回覆，彼此就很容易錯過。有些活動是我會想要參加的，但必須等我調整好行程之後，才能答應。如果沒有說明回覆時間，我以為當下就要確認、或以為可以等幾天再回覆，就很容易因為對截止時間有誤解，而錯失合作的機會。

三、更多自主時間，當作激勵：

時間，是一項很稀有的資源。在專案中多給團隊一點合理的執行時間，就等於多釋出合作的誠心與善意。

時間，也可以是一項珍貴的禮物。例如：主管提供假期，作為完成專案的獎勵，會讓團隊成員覺得很貼心呢！

把時間管理的影響力，發揮在生活裡

發揮時間的影響力，不只適用於辦公室管理，經營家庭生活、或是建立友誼關係，也都是可以延伸應用的領域。

父母處事明快、指令清楚、賞罰分明，孩子就比較不會養成無故拖拖拉拉的習性。朋友相約，即使是休閒活動，不需要、也不期望有壓力，還是必須在時間有共識的前提下，才能盡興。

日常生活中，我很怕有人剛通上電話就劈頭問：「星期五晚上有空嗎？」因為對方若沒先說清楚要做什事情、需要多少時間，我根本無從決定。而且也會覺得對方有點無厘頭，對他的印象大打折扣，而直接回絕哦。

使用甘特圖追蹤專案進度

1. 甘特圖（Gantt chart）是一種條狀圖，用來顯示專案、進度以及其他與時間相關的進展情況。

	3/15	3/16	3/17	3/18	3/19	3/20	3/21	3/22
書籍上市								
媒體曝光								
作者推廣								
推薦分享								

2. 請先建立起工作細項表，像是工作項目、起始時間、結束時間、以及負責人為何，即使面對龐大的專案，也可以知道各自細項的進行程度。

3. 接著，可以利用Excel來完成圖表，建議使用Google Excel Sheet線上共用一起追蹤。

4. 若電腦資源充足，事業規模龐大，建議使用Microsoft Project這個軟體進行專案管理。

人生許多時間的巧合，是心靈和宇宙共同運作的結果

世間最幸運的事，莫過於兩人在茫茫人海中偶然遇見，彼此情投意合，而且相愛長長久久。

以上這段文字，有關幸運的描述，時間就佔據三個重要的關鍵。

一、偶然：表示事先沒有預約。

二、遇見：表示彼此迎面而來，且未錯身而過。

三、長久：表示不是一時激情而已，能通過時間的考驗。

通常我們會以「巧合」來解釋這樣的奇蹟。又如，你可能聽過「說曹操，曹操就到！」或你正想著某位久未聯繫的親友，下一秒就接到他的電話。

我還聽說過一個離奇的故事，一對因為發展辦公室戀情而結婚的新人，女

方竟在男方珍藏的相簿上，看見一張家庭合照的背景，捕捉到當時還是孩童的自己。原來兩家人曾經在二十幾年前，去同一個遊樂園玩。

在心理學和靈性學界，都把這個現象稱之為「共時性」。一九二〇年，瑞士心理學家榮格提出「共時性」的概念，他認為這是一種「有意義的巧合」，兩個事件在沒有因果關係的前提下，出現看似有意義的關聯，牽涉到的不只是機率。

靈性界的學者專家，大多堅信這是一種超自然現象，很近似華人世界說的「緣分」，是心靈和宇宙共同運作的結果。

《科學證實你想的會成真》（三采文化）書中提到：「透過共時性，主觀與客觀這兩個世界就能連結起來；也能把心與能量的非物質世界，以及形形色色的物質世界連結起來。心靈與物質這兩個世界，會在共時性事件的過程中發生共鳴。」越來越多的科學實驗佐證，心念的力量可以穿越時間，讓所有遙想的事情來到眼前。所以，在學習時間管理的同時，也可以同步學習管理心念，會更能幫助自己實現夢想。

Chapter 4

成為時間的魔法師

以定期定額方式，付出努力學習，
每天進步一點點，就可以賺取時間的複利。

化零為整，把小空隙處理成大留白

把原本看似獨立的事件，或分屬不同區塊、不同性質的活動，合併起來以整段的時間來處理，可以獲得很大的效益。

有一段期間我非常忙碌，某天只有半個下午的時間可以運用，而助理說有兩件風馬牛不相及的事情，希望能排進時程裡。一件是要去出版社開會，討論未來的出版計畫；另一件則是有位民眾找我做生涯諮詢顧問，他已經排隊候補很久，最近有些突發事件，希望能盡快安插。由於這兩件事情的性質、以及工作地點都有很大的差距，我必須要用點創意才能一併處理。

後來我出面向出版社情商借用會議室，並獲得允許。於是，我先請個案四點前來做生涯諮詢顧問，之後五點再和出版社開會，六點大家準時下班。不但可以在兩小時內完成兩件事，還可以省下個別處理時往返的交通時間，工作忙碌之餘讓心情保持輕鬆。

這就是時間管理中「化零為整」的應用實例。**把不同的獨立事件，依照時間或地點的特性合併起來，以大片的時段來處理，讓工作可以一氣呵成，也讓頭腦正式開機上工就持續運作一段時間，不必因為轉場而中斷，同時還能利用節省下來的往返交通時間，好好休息。**

利用「化零為整」的技術，可以大幅提升效能

在我教授行銷業務人員做時間管理的課程中，這個觀念「化零為整」特別受歡迎。有一位資深的業務人員上完課一個月後，提供回饋意見，說他自從採用這個技術，在安排拜訪客戶的行程上，工作效能大為提升，連業績都明

顯成長許多。

從前他排定拜訪客戶的行程，沒有固定的章法，有時憑感覺、有時試運氣、有時看方便……自從學習到「化零為整」的觀念後，他開始依照路線、或性質排定行程，例如：把北區的大客戶都排在星期一下午拜訪、或是把需要製作的業務簡報都排在星期三上午處理，就不會讓自己像無頭蒼蠅似的，漫無目的地東奔西跑。而且他在這樣的工作模式中，因為系統化而更有成就感，增加內在自信，彷彿整個運勢都有很明顯地翻轉。

除了安排公務，我也把「化零為整」的技術，應用於幫媽媽排訂門診的時間表裡，讓不同科別但可以合併安排時間的門診，都盡量排在同一天。

例如，好友和同事們都知道每個星期的某一天，就是我例常的「長照戰鬥日」。從清早到下午三點，陪媽媽看完四個門診，中午還安插了美食小吃時間。等到下午診結束，送她回家後，再趕到電台做現場節目，晚上回家忙完家務，休息片刻就繼續為準備隔天的工作而奮鬥。

初期好友和同事們會好奇：「為什麼要把母親幾個就醫的行程，都排在一起？不會太累嗎？」但其實這是經過二、三十年來的嘗試、調整與體驗，發現「化零為整」對我和媽媽來說，才是最輕鬆方便的排程。

雖然四個門診分別在兩家醫院，但分類合併排定後，我們不必各別分四次往返，也不需要拆開四天進行。寧願彙整在同一天以大的段落方式處理完，而不用零零散散、進進出出、東奔西跑。光是結帳與領藥，就節省很多等待時間了，更何況是交通的往返與心情的調適。

尤其安排在門診中間的美食小吃時間，更可以在百忙中為家庭照顧生活畫龍點睛。因為來不及回家做午餐，就得「被迫」外食，這對我媽這種習慣每餐都要在家裡開火自炊的老人家來說，算是名正言順可以在外享受一點美食小吃，偶爾換換口味，就不會覺得每天都在門診、針灸、復健之間度日，很疲倦乏味。

應用「化零為整」觀念，把門診和美食結合起來，對於長期要陪伴老人就診的家庭來說，確實可以增加生活情味。我看現在很多大型醫院的一樓或地下層也設置美食專區，真是時勢所趨。

安排休閒生活，把小空隙處理成大片留白

「化零為整」這項時間管理技術，不只是在規畫工作或事件的行程時，可以帶來很高的效益，對於休閒生活的安排，也有很大的幫助。

媽媽尚未罹癌之前，還有部分行動能力，門診次數也沒有現在這麼頻繁，我盡量每個星期都安排半天時間，開車載她去郊外走走散心、或上山去吸收新鮮空氣。罹癌以後，門診次數變多，加上針灸、復健，有時候真的是忙得不可開交，無法按時出遊，我就會把時間重新拼湊挪移，將幾個小空隙的休閒時間省下來，先處理公務，另安排兩天一夜、或三天兩夜的行程，陪媽媽到外縣市旅行。從時間留白的角度來看，這是很積極正向的做法。

「化零為整」的時間管理，就像是在作畫中布局，以大片留白，取代細碎空隙，讓視覺更有震撼力。零星的休閒時間，猶如城市裡的畸零地，其實發揮不了太大的作用，採用「化零為整」的方式重新規劃整理，可以獲得大片的面積，因此活得更輕鬆愜意。

Time Out! 

為你的工作業務創造無數的小盒子

1. 試著將你手上工作業務做更細部的「分門別類」，創造專屬於自己的「小盒子」。

2. 假設你是房仲人員，試著將每一位客戶分類，例如：成員人數、可用資金、期望條件、推薦地點等。接著，將負責的建案也分門別類，例如：地段、金額、坪數、特點等，分得越細越好。將這些細項放置在不同的小盒子裡，看似獨立卻也會有交疊的可能性。

3. 公司應該會有基本分類，但如果是以自己的客戶為出發，這個小盒子會包含著屬於自己的觀察與用心，這樣做會幫助提升業績。

創造一心多用的平行宇宙

鍛鍊「一心多用」的技能，在正向的事情上，練習做個千手觀音，不但節省時間，還能姿勢優雅，心態慈悲，自助助人。

一般人聽到「一心多用」，都會和「不專心」聯想在一起。但我認為，對於成年人來說，「一心多用」和「不專心」未必要畫上完全的等號。有些時候，練就「一心多用」的功力，反而可以省下很多寶貴的時間，把事情做得更好，也因此多出了能夠好好休息的餘裕。所以，不必因為害怕「不專心」，就直接放棄「一心多用」。

未成年的時候，確實要訓練專心的能力。尤其求學期間，無論上課或讀書，若不專心就很容易分神，過目即忘，影響學習效果。長大之後，一旦已經擁有專心的能力，就可以視狀況而衡量是否把這份專心，同時並用於不同的事情上。

例如，為家人準備餐飲，可能同時要燉湯、煮飯、炒菜，有可能緊急時還接個電話，對廚藝已經很熟練的人來說，並不覺得「一心多用」有什麼困難，也不會有違和感。

像我每天清晨起床，替自己和媽媽準備早餐，就是同步進行很多家務。煮蛋、烤麵包、手沖咖啡、切水果，還要叮嚀看護幫媽媽檢測飯前的空腹血糖值。而媽媽也同時做手腳的熱敷，以延緩關節退化發炎，還一邊還念誦《心經》。我們都很習慣這樣「一心多用」，否則會延後很多時間才能出門。

在電台進行現場節目，必須同時看時間、讀秒數，播歌、進廣告，也要傾聽來賓的論述，幫聽眾整理重點，並接著提問。節目播送廣告的兩分鐘之內，視當天狀況偶爾必須和看護聯絡家庭事務，或回覆緊急電話。

從「一心多用」開始，進階到「一石二鳥」

很多時候，我們都必須同時進行多項工作。因此必須對「一心多用」這項技能，有正確的認識、以及相當程度的熟練，也不能被「不專心」的傳統觀念制約，否則就真的會「分心乏術」而把事情搞砸。

到底什麼事情可以透過「一心多用」完成？哪些狀況絕對不適合「一心多用」呢？其實分辨的標準非常明確：**只要是目標不衝突，或同一個目標可以用不同行動來完成，這一類的事情，都可以透過「一心多用」來完成。**

像前面舉例的準備早餐，製作餐點的流程，甚至偶爾接聽緊急電話，不妨「一心多用」，可節省很多寶貴時間。但是，如果目標不一致或有衝突，便必須讓自己盡量維持專心。例如，一邊開車，一邊看影音短片、或同步長時間與朋友聊天溝通（甚至和伴侶吵架），顯然這幾項動作的目標完全不同，而且各自都需要高專注度，就不宜「一心多用」，以免沒有真正節省到時間，卻發生人命關天的危險。

還有當你想要進入「心流」的狀態下，就不能靠「一心多用」。因為**進入「心流」狀態的前提就是：必須以高度的專注，迎接一個具有挑戰性的目標，並且在極短的時間內，像是把電影速度放慢般，做出從容的決定。**

我們也可以用更簡單的敘述釐清「一心多用」的使用時機：**應付在日常中你已經很熟悉、不具備挑戰性、而且目標或動作具有一致性的事務。**

例如，跑步時聽音樂，看影片時吃零食，搭捷運時閱讀，開會討論與自己工作無關的段落時，隨手回覆幾則簡單的訊息，老闆純粹發洩個人情緒而對全員訓話長達三十分鐘，但內容都與你無關……這些時候你都可以盡情地「一心多用」，毋須擔心自己不專心，也不必有罪惡感。

當你熟悉「一心多用」的運作方式之後，可以進一步往「一石二鳥」的方向邁進。在同一個目標系統之下，藉由完成一件事情而產生多重作用。例如：下班後，報名參加夜跑社團，既可健身、減重、結交新朋友，一舉數得之外，並因此大大減少無意識滑手機、或追劇的時間浪費。

人生碰到不如意的遭遇，千萬別再太專注於負面思考

鍛鍊「一心多用」的技能，在正向的事情上，練習做個千手觀音，不但節省時間，還能姿勢優雅，心態慈悲，自助助人。

若碰到負面的事情，也可以盡量讓自己「一心多用」，不要過度聚焦於煩惱或憂慮。有些人對於平常正面的事務，保持不了多少時間的專注；但碰到負面的人生經驗，就可以完全鎖定，而且為時甚久。

習慣煩惱或憂慮的人，都會非常專注於自己的損失和負面的念頭，再也看不見、聽不到事情還有其他面向的可能，因此深陷痛苦當中，既難以自拔，也不肯接受別人拉他一把。

這時候真的要練習「一心多用」，轉移自己的注意力，並開始動手多做一些其他的事情，哪怕只是簡單的居家運動、打掃環境、對雜物進行斷捨離……無論做什麼，只要開始動手做，都有助於舒緩壓力，幫助自己過低潮，看見人生還有其他的美好。

Time Out! 

先把一件事做到純熟

1. 每一件工作都是先從「模仿」開始的，先照著做，之後再去理解其背後的因果，之後就是無數的複習維持。

2. 當一件事情已能夠猶如肌肉記憶的即刻反應，就代表你已經做到完善了。

3. 請試著拆解每一件工作的SOP，記好每一個步驟，接下來就是無數的練習。當完全熟練到憑直覺反射就能夠勝任之後，可以試著開始「一心二用」。

時間視覺化：總攬一週七天

「星期」是一個人工建構的時間單位，以「一週觀點」來進行時間管理，可以掌握「重要性」，也能維持「彈性」。

試著想像一個畫面，你手中有新台幣四千元，以臺灣目前物價水準為例，一個上班族午餐的排骨便當、或雞腿便當，平均約新台幣一百元。若把這四千元都規劃為午餐便當之用，約莫四十個上班日，也是八個星期，很快就花光了。起初感覺新台幣四千元好像滿夠用的，四十天後就會發現：錢，花得滿快的，光只是應付午餐之需，兩個月就花光了。

現在，請再換一個座標想像，每個人的一生，以八十歲當作平均壽命的長度，相當於四千個星期。一年總共有五十二個星期，與前述的便當週期對照之下，是不是也能感受到這四千個星期，其實也是非常快速就會被我們在日復一日的消耗中，快速地用掉？

在所有的時間單位中，「星期」比起「秒」「分」「刻」「小時」「日」「月」「年」，顯得更為關鍵、也更容易被忽視。它位居這些時間單位的中間，是各單位安排會議的週期、也是很多課程設計的單位，但我們好像更習慣聽見「瘋跨年」「慶祝小孩滿月」「工作八小時」「春宵一刻」「現場節目即將開始，倒數讀秒」，相對卻比較少用「星期」來記錄日常。

可能是因為身為家庭照顧者的關係，我印象中比較常以「星期」作為時間單位的是醫院的門診、看檢查報告，再來就是幾個斜槓工作，像是電台帶狀節目的編排、例行企業顧問的會議、或生涯諮詢顧問的個案。

但無論如何，要做好時間管理，星期是非常關鍵的單位，也是編排行程十分重要的基礎，才能以這五十二個星期的計劃執行，串起一整年的績效。

鍛鍊將「每週行程」視覺化，可當作心靈的導航

當我在教授「時間管理」課程時，會用以下這個小問題詢問學員，從回答的內容，就可以探知他們對「時間管理」的熟悉與重視程度。

這個問題是：「你知道你下個星期七天，從星期一到星期日，每天有哪些重要的行程、要完成哪些工作計畫？」

能夠回答得越詳盡，就表示越有「時間管理」的概念。雖然「知道」與「做到」之間難免有誤差，但如果每個星期的一開始，根本「不知道」要做哪些事，七天後就算有「做到」某些成果，通常是瞎貓碰到死耗子，靠默默耕耘埋頭苦幹，很容易犯了「見樹不見林」的毛病，欠缺全面性的觀點與中長期的遠見。

如果沒有「一週觀點」，只是逐日安排每天的工作與行程，遇到什麼狀況再見招拆招，很容易陷入「每天都在處理迫在眉睫的緊急狀況」這樣的困境，而無法從「重要性」來評估工作的優先順序。相對地，若都是只有「一

個月」「一季」或「一年」的計畫，也很容易讓觀點過於「廣角」，而沒有辦法看清該有的細節。以及掌握執行的重點。

「一週觀點」，是最恰到好處的時間管理計畫單位。你可以看到，無論是電腦上的電子行事曆、或網路上的APP、以及紙本的年曆，絕大部分都有提供以「每週七天」為單位的表格。我特別推薦你**使用或設定，以「星期一」為開始、「星期日」為結尾的表格，可以讓行程與工作一目了然地呈現**。我也特別建議你以手寫或鍵盤輸入資料後，務必鍛鍊自己將**每週行程「視覺化」的能力。一方面是加深自己安排時間的印象，不會忘記或漏掉某個重要的行程；二方面是可以讓自己隨時處在清楚的時間節奏裡**。

有一位年輕的朋友，因為工作之需，三十歲就靠自己能力貸款買車代步，無論例行上班或假日出遊，都要開著導航。同事問他：「上班往返，都是你很熟悉的路線，而且也很近，你為什麼都要設定導航？」他回答：「看到路況，我才心安。」其實他說的沒錯。**無論開車或生活，我們都需要維持方向感，視覺化的「一週觀點」，可以幫助你在心靈地圖上盡情優游**。

以「星期」為單位，當作身心靈的「緩衝區」

以「一週觀點」來安排行程，還有一個很特別的優點，是讓自己每隔七天就擁有一個「緩衝區」。如果進度提前，週末可以好好放鬆，多點度假休息的時間。萬一進度延後，也可以撥出部分週末時間，加班趕一下進度。

要特別留意的是，最近這幾年興起服務業的「24／7」浪潮，以每週七天、每天二十四小時的概念，試圖把服務做到最好、做到最滿。「24／7」固然有其市場需求，但別忘了從事服務業工作的人，是有輪班制度的，生意再好、再忙，人都是要有適當的休息時間。如果你發現生活與工作，已經排到像「24／7」的地步，就要提醒自己是該斷捨離的時候了。

趁著週日晚上，詳細檢查下週的行程計畫吧！**行程排得「太滿」或「太鬆」都不好，維持有點快要滿，但又有些彈性，這才是最佳的狀態。**但畢竟每個人的承受力不盡相同，只要多練習並適應幾次，你一定可以找到屬於自己的最佳平衡點。

Time Out! 

擁有一本週曆記事本

1. 請準備一本週曆筆記本，若無，也可以動手在空白的筆記本畫出七天的格子。

2. 並且，準備兩種不一樣顏色的筆，分別可以標註「重要的事情（需要第一時間處理）」、「其他事項」，寫完之後，就可以一目了然當週重點事項為何。

3. 如果還能有一支螢光筆，可以做為休假提醒，提醒自己利用空餘時間，記得要充分休息。

要拼盤，但不要拚滿

在每週的時間行程表上，留下一到兩塊空白的區域，讓自己隨時處於「有彈性、可應變」的狀態，才不會被既定的行程綁架。

在規劃行程時，將不直接相關的事件，以「化零為整」的概念，拼成一個塊狀，可以避免時間碎片化。然後，再把這一塊需要處理或進行的事件，置入於行程表中，接著就可以想像如同堆積木、或玩七巧板，以拼盤的方式整合起來，讓自己很清楚哪個時段，該做什麼事情。

進行時間管理規劃行程表，是一個從點到線、由線至面的整合技術，但要

特別留意的關鍵觀念是：要拼盤，但不要拚滿。

你可以想像一張載明一整個星期的行事曆，正攤開在眼前，填入滿滿的塊狀行程，的確會讓人很期待，也很有成就感，尤其在需要執行的事項被完成後，以打勾、或劃線的方式刪除待辦事項，會因為把時間利用到淋漓盡致，而感到安心。但是，這個想像是不切實際的。如果你真的這樣做，事後一定會有很大的挫折感。由於事先把行程完全排滿，就無法應付任何的變化，而真實的人生中，有太多事情是計畫趕不上變化。

排定行程時，要保留「有彈性、可應變」的空間

學習時間管理的過程，一定很常聽到這句話：「**管理時間，就是管理生命！**」畢竟，生命確實就是由分分秒秒的時間堆疊而成；不過也不要因為善於操控時間，就讓自己變得沾沾自喜，而忘記了這個世界可能還有一位比人更高階層的主宰，在我們看不見的地方發牌。

因此我們要謙卑地**在每週的時間行程表上，留下一到兩塊空白的區域，讓臨時突發的重要事項，可以有插隊排進來解決的機會，才能讓自己隨時處於「有彈性、可應變」的狀態，而不是被自己事前已經規劃好的行程綁架。**

通常我的行程表，會先粗略地畫分為「上午」「下午」和「晚上」三個大時段，一個星期就有二十一個區塊可以排定行程。之後，我會視情況把每個時段再細切為二分之一，然後至少保留兩個二分之一的獨立區塊，先不排定任何事項，以供彈性應變之需。

當然也會有忙碌到幾乎不可能預留兩個彈性應變區塊的時候，那我至少會保留一個。萬一，經過詳細檢查與評估，還是無法保留一個彈性應變的區塊，我就會想盡辦法刪除已經排定好的某一項工作或計畫，或把它視為需要時可以調整的區塊，事先做好心理準備，以供臨時突發的狀況可以處置。

這種萬全的心理準備非常重要，可以讓人在百忙中至少維持住一點點有時間彈性的緩衝，不會把自己逼到無路可退的地步。

但老實說，有時候真的也會緊繃到連一個彈性應變區塊都無法保留的程度。若真有這種情形，我會在該週一開始的時候，就為自己做好更萬全的準備，除了盡量不要出錯，也會昭告親友和同事，讓他們知道我正面臨特殊狀況，請他們盡量配合，或是在我有閃失時，能留意幫我接住漏掉的球。

善用拼圖，保留空隙，讓自己放鬆

有些新一代的時間管理專家，會用巧妙的方式比喻這種拼圖的概念，把它說成是一塊一塊的磁磚，再放進行程表中挪移。我覺得無論是用拼圖、積木、七巧板、或磁磚來比喻都可以。最關鍵的就是從中學習**「化零為整」「保留空間」「彈性應變」**這幾個重要的時間管理技術觀點，而這些做法的最終目的，都不是要我們做更多的事情，而是挪出時段來讓自己可以放鬆。

保留事件可以移動與變化的時間彈性，固然是可以應付突發的事項，但在我的經驗裡，也是檢視是否還有時間餘裕的方式。**尤其當工作進度提早完成，就可以把表訂行程所剩下的時間，用來獎賞自己。**

例如，下午的半個時間區塊，是從四點到六點，原訂和客戶約好開會一個小時，接著與同事討論企畫案一個小時，後來提前於五點四十分結束，我就把剩下的二十分鐘拿來讓自己放空一下，或起身到樓下走一圈，不要把自己繼續釘在辦公桌前。

如果你是上班族，會擔心若利用提早完工的二十分鐘明顯放空，主管或同事可能講閒話，就不要做得太明顯，可以悄悄拿起筆記本，寫幾句鼓勵自己好棒的話，當作給自己提早完工的獎賞。

做好時間管理，要有拼盤的觀念，但真的不要拚滿，而它真正的溫柔提醒是：不值得拚命啊！

請靜靜看著行程表，觀察自己有多少留白，太多或太少，都是警訊。正常來說，事先排個八分滿即可，就算事情再多，至少也要留下兩個一至兩小時的區域，讓自己得以應變，也讓心靈可以喘息。

Time Out! 

若不懂得做筆記，
就參考別人是怎麼做筆記

1. 閱讀《麥肯錫的筆記術》（天下雜誌出版），可以學習全球知名顧問公司麥肯錫，其員工在作筆記時所使用的思考架構。

2. 參考或模仿麥肯錫員工所做的事，他們為了要解決客戶需求，會這樣做筆記：

<table>
<tr><td colspan="3">1. 標題</td></tr>
<tr><td colspan="3">5. 結論</td></tr>
<tr><td>2. 現況
(寫下客觀現實)</td><td>3. 解釋
(研判結論)</td><td>4. 行動方案
(結論方案)</td></tr>
<tr><td></td><td></td><td></td></tr>
</table>

3. 換作是你，會如何做思考與筆記呢？

善用電子行事曆，但紙本仍有威力

行事曆就像是一本時間的存摺，具備四項功能：1.規劃；2.提醒；3.記錄；4.分析。電子版的功能強大，紙本版也不容小覷。

如果你的存款銀行，每天都會自動生出八萬六千四百元，匯進你的個人帳戶，並且規定必須在今天結束之前，將這八萬六千四百元全部花用完畢，否則它會在帳面上自動消失，你會怎麼規劃應用？你會不會想要在實體存摺、或電子帳單上面，記錄這筆資金的流向？並且，詳細載明你實際上是如何運用這筆錢的？因為這些資料，都可以作為日後的消費分析。

或許你已經猜想到，我說的這家銀行，並非真正的金融機構，而是每個人個別專屬的「時間銀行」。**上蒼每一天給每一個人八萬六千四百秒，可以完全憑個人意志使用，但無論你是否妥善運用，當天結束時這筆時間資產也將隨之歸零。**

而這本特殊的時間存摺，就是你可以自由選用的行事曆。雖然各家出品行事曆的規格大小都不一樣，而且不見得每個人都會使用，即使用了也未必詳細記錄，但很奧妙的是：**越善於使用行事曆的人，越重視對時間的運用！**

妥善管理時間，需要行事曆

採用行事曆，有點像是學生時期買參考書，學期開始之初，會購買參考書，至少表示有上進心，但買回家有沒有好好研讀、做練習，考試成績是否真正有進步，就另當別論。

所以說，使用行事曆的道理，也是一樣的，是不是能把時間運用到淋漓盡致，並且因此活出輕鬆自在的人生，就要看自己對時間的觀念與管理的技巧。畢竟，越重視不代表越會運用。**重視，只是一種態度；運用，則要依靠很多觀念與技能。**

行事曆，是時間管理的重要工具之一，幾乎大部分與時間管理相關的觀念與技巧，都必須靠它才能真正落實。學習如何善用行事曆的功能，對時間管理的成敗，確實具有關鍵影響力。**行事曆有四項基本功能：1. 規劃；2. 提醒；3. 記錄；4. 分析。**行事曆的表格類型，有每年、每月、每週、每天，提供使用者做好層次不同的時間管理。

我通常會在每年的十一月開始做新年度的規劃，先以年度的視角把重要的大事件編排進去，例如：出版計畫、媽媽身體定期追蹤檢查、親友生日、實體教學課程、線上課程、家庭旅行、個人進修等。

接著，再依照月份先後，把執行的內容作好安排。隨著時間推移，按月再將四個多星期的工作事項彙整。然後在每一週開始前，安排並檢查接下來的七天每一天的行程，除了和相關工作單位再次確認時間無誤之外，也會審視自己的工作進度與心理節奏，是不是有同步跟上。以我個人的實例來解說，雖然是比較特殊的個案，但也會因為深具挑戰性，而具有參考價值。身為主要的家庭照顧者，還必須肩負經濟的支持者，加上我的工作性質又很多元，所以我需要事先規劃與記載的事項，條目的數量就非常大，而且細瑣。

手寫於紙本行事曆，讓生活更有情味

幸好拜科技之賜，電子版的行事曆越來越普及，還有很多手機APP可以免費或付費下載使用。其中我每天必用的是Google日曆，無論登錄行程或管理進度，都非常容易。而且網路版與手機版共通，還具備獨立與整合的特性。可以個別查看不同事項，也可以將獨立的表單整合成為同一份，或依照實際需要、以及隱私的考量，決定是否要把所有行程全部都對外顯示出來。

我在規劃與登錄時，會把家務和公務分開，在這兩項大條目之下，再以不同性質的工作細分。例如，家務之下，有家庭採買、母親就診、親友相關等標籤；公務之下，有廣播電台、企管顧問、演講通告、寫作出版等標籤。另外還有一份行事曆，是用來記錄與管理親友生日、或其他特殊紀念日。

之後，再視工作與聯絡的需要，分享資料給相關的人或單位，還能設定提醒，以電子郵件發出通知。

以每個星期的某一天來說，家母有四個門診，我又要進廣播電台開會、以及做現場節目，可能還有其他非例行性的待辦事項。家務和公務，我會先用不同顏色標註，做出醒目的區別，再依當天時間先後排列順序。

儘管電子版行事曆的功能，已經非常齊全。但我還是很依賴紙本的行事曆、筆記本與便利貼。畢竟，手寫的溫度會讓生活充滿情味。**實體的筆記本握在手中，除了特別令人有安全感，也可以在不需、或無法使用電腦和手機的時候，優雅派上用場。**每年十月開始，書店就會開始大量陳列新年度的紙本行事曆。加上最近這幾年文青風格的日曆，更是大行其道，狂掃書市，就可以看出紙本行事曆不可被忽視的重要性。

Time Out! 

讓筆記成為你的好幫手

網路上有很多如何做筆記的討論，在此整理並分享給大家：

(1) 好翻閱：可以查看之前的重點。

(2) 明確的標記：例如以主題、時間來劃分。

(3) 版面配置：可以使用由美國康乃爾大學（Cornell University）教授華特・波克（Walter Pauk）所開發的「康乃爾筆記法」，分成三個欄位，要有經過整理的「關鍵文字」、寫出該事件的「基本架構」、最後是要寫出自己的「心得」。

(4) 適時運用線條或圖解，可以幫助釐清時間順序。

(5) 記得有留白的空間，做備註使用。

用虛擬碼表精準掌控時間

培養敏銳的直覺，抽離情緒的影響，就可以擺脫對時鐘的依賴。即使沒有計時器，仍然可以精準地掌握時間與進度。

若要精準掌控時間，腕錶、時鐘、手機、計時器等，確實是很好的工具。但有時候現場沒有這些工具，或因為某些原因不方便一直看鐘錶，而你又必須要精準掌控時間，一定會感到焦慮。多年來的訓練，讓我可以藉用心理的虛擬碼表，與現場狀況略作比對，得知大概的時間與進度。剛開始的時候，並不容易正確，但只要多練習幾次，可以越來越精準。

我經常接受邀請，到有華人的世界各地去演講、或主持活動。有些場地非常正式隆重，是國家歌劇院等級的；另有些場地比較平凡簡易，類似小型演講廳、辦公大樓會議室；還有些場地簡陋破舊，例如非常偏鄉的學校等。有趣的是，這些場地，都不一定掛有時鐘。

早年經驗不足時，發生過一次難忘的事件。我曾經在一個很正式的場地進行兩小時的演講，事先以為現場一定會有掛鐘，上台之後才發現並沒有配置任何計時器具，偏偏當天我又沒戴手錶，內心實在很擔心時間失控，畢竟演講時間太短或太長，都不適宜。這時候，該怎麼辦呢？

幸好那是我很熟悉的講題，當下告訴自己要鎮定，並隨著內容進度推進，想像時間的刻度，演講結束時，正好是九十分鐘。接著再開始為時三十分鐘的現場問答，我趁著工作人員遞麥克風給觀眾的空檔走到觀眾席，輕聲向坐在第一排的觀眾請求協助，拜託他提醒我問答時間，後來這一場演講終能在整整一百二十分鐘後，畫下令人安心的句點。此後，參加任何會議或活動，我都會事先向主辦單位確認，現場是否有時鐘，以做好該有的因應。

除了看時鐘刻度，還可利用其他工具觀察時間變化

人生有些特殊的狀況，現場明明有時鐘、手錶、或手機，但就是不方便偷瞄，以免失禮。或是會議中，大家討論很熱烈，即使有手錶也都忘了要掌控時間。在這些時候，我都會使用虛擬碼表，來幫助自己留意時間與進度。

可能是因為從事廣播現場主持工作的訓練，讓我對於秒數控制特別在意，才有機會累積日復一日的練習，比平常人多了一點對時間的敏感度。例如，以一般語速講一段內容一百一十字的文稿，時間大約是三十秒；若語速快一點，一分鐘可以講兩百五十字。所以，**文字字數的多寡，就是一種虛擬的碼表**。如果你的工作是編劇、或經常要幫主管擬定演講稿，這類的經驗與資訊，就具有參考價值。

我還有另一個時間體驗，就是運動時訓練核心的「棒式」，目前我大約支撐九十秒會開始感覺吃力。即使沒把手機帶在身邊，當我做「棒式」覺得要用力呼吸時，就會知道已經九十秒了。同理可知，我游泳速度大約是三十分

鐘可以游完一公里，因此用距離也能大致推算時間，未必要靠時鐘。

家裡日常使用的煮蛋器，也是練習虛擬時間碼表敏感度的機會。我有一台朋友送的二手煮蛋器，可以依照煮蛋的數目、自己喜歡「全熟」或「半熟」的程度設定，等時間到就會發出警示鈴聲，提醒使用者：蛋已經煮好。以我家庭人數、偏好「半熟」設定，大約七分鐘可以完成，這時候我會利用之前篇章分享過的「一心多用平行宇宙時間法」（請見本書第180頁），同時進行烤麵包與沖煮咖啡。透過這樣日復一日的實際練習與經驗累積，就會感受到七分鐘的長度。到現在這個階段，我幾乎可以在六分五十秒，就預先知道煮蛋器的警示鈴聲，即將在十秒鐘之後響起。

多接觸大自然，可以培養對時間的敏銳直覺

若是公務會議，可盡量使用議程表來控制時間，事先將議程做更細部的規畫，例如每個問題需要、或允許花多少時間討論，即使暫時沒有結果，時間

到了也要跳到下一題，另訂會議繼續討論該題，就可以避免浪費時間。

古人靠日影推算時間，這些來自自然法則的智慧，流傳至今。**農民和漁民仍然懂得以日月潮汐、四季迭替來保持對時間的覺知，並且與時間建立親密關係。倒是每天深鎖在辦公大樓的上班族，比較容易失去對時間的敏感度。**因此我建議要盡量多找空檔，休息幾分鐘，凝視窗外天光雲影，培養對時間變化的直覺。有個朋友聽了我的建議，經過一個星期的練習之後，跟我說：「聽見垃圾車的音樂鈴聲，就知道傍晚五點了。」他的工作室位於傳統社區之中，垃圾車定時清運，正好提醒他即將下班，工作忙碌的一天又將結束。

「千年一瞬」「度日如年」都只是我們的感覺，不是真正時間的行進速度。因為我們很容易被情緒誤導，而錯判時間的刻度。快樂的時候，覺得時間過得很快；痛苦的時候，覺得時間很難熬。只要提醒自己：這是我們對時間的偏見，開心的時候，要特別留意時間飛快；難過的時候，要知道時間其實沒有那麼久。只要抱持平常心過日子，會感覺時間很公平地對待每個人。

Time Out! 

感受日常的時間流逝

1. 請外出看看吧，並且用心記錄所見風景的時間流逝。

2. 抬頭仰望天空，選一朵你喜歡的雲朵，記錄它移動的軌跡，還有移動的時間。

3. 記錄上班路途中的一株植物，可以是住家附近的一棵路樹，或是一叢花叢，記錄它們葉片變色的時間，或是花開花謝的日子。

4. 有些記錄可能會需要長時間的觀察，有些則無，但這些練習都只是要感受時間的流逝，與環境共生共存的體驗。

以定期定額賺取時間複利

以定期定額方式，付出努力學習，即使只能擠出片刻，每天進步一點點，就可以賺取時間的複利，獲得很大的成長。

有位知名理財專家，在我主持的廣播節目接受訪問時說：「即使從四十歲才開始，以定期定額購買ＥＴＦ（指數股票型基金），二十年後，也就是六十歲臨屆退休年齡，就會累積一筆可觀的被動收入，應該是足以安養晚年。」這番話聽了令人感到安慰。**時間，果然是投資理財最好的朋友，以複利的原理，長期的累積，為自己獲得可觀的財富**。即使四十歲才開始，也不嫌遲。

節目播出之後，陸續有五十歲、六十歲的熟齡聽眾朋友打電話到電台詢問：「那我現在開始還來得及嗎？」雖然不是理財專家，但我知道長期的複利效果，必定會是很有收穫的。

以金錢而言，可以再多考慮的是：評估未來人生可能會有的風險、餘生還需要多少花費？才比較能夠確定，該投資多少？以及要投入幾年？

若從六十歲開始投資，二十年後已經八十歲了，投資所帶來的被動收入，除了能保障年老後的生活品質，並因此而得到安全感之外，是否還有其他用途呢？

回答完以上幾個問題，並做好妥善的規劃，投資理財是永不嫌遲。

應用「定期定額」觀念，投資自己

理財的「定期定額」觀念，也適用於個人領域的學習。上班族無論工作多麼忙碌，只要每個星期撥出一段下班時間，學習新的知識或技能，累積幾年下來，必定人緣與能力都倍增，會有很大的發展潛力。

時間帶來的複利效果，除了應用於理財上的收益，在個人的學習的收穫，同樣非常值得期待。就算只是每天投資一點時間，也會獲得很大的成長。

我從第一份工作開始，就是在外商公司服務，無論開會或書信，都需要大量使用英文。為了增強自己的英文溝通能力，每個晚上都會收聽半個小時的英語教學廣播節目。

但畢竟日間工作量很繁重，有時下班後還得加班，晚上收聽英語教學廣播節目時，雖然大部分的時間都努力保持專注，還是會有幾分鐘撐不住而打瞌睡，一不小心頭就撞到牆壁驚醒……即使這麼辛苦地堅持著，每天三十分鐘的進修，半年以後就被主管誇讚我的英文進步很多。

幾年前，母親罹患癌症，我陪她住院治療。長達一年多，大部分的時間，都在醫院度過。而我的七張SCA咖啡師證照，就是在那段時間陸續考取的。

其實當時的生活狀況非常緊張，我要照顧病人、還要維持最基本的工作，加上面對充滿未知的病情發展，心情更是沉重萬分。我只能利用很瑣碎的時間，研讀咖啡知識相關的書籍，並利用母親進行癌症療程中間不定期的空檔，報名參加咖啡萃取與烘焙技術的訓練課程。

就這樣有計畫性地配合證照考試的日期，逐步準備各項學科與術科。連製作拿鐵的拉花技術，都是在母親的病房中，觀看YouTube上的網路影片，以清水調太白粉模擬奶泡，在洗手間的面盆上來回練習而成。

利用瑣碎時間學習，累積成長效果驚人

看我拿到幾項跨領域的證照，很多媒體記者、親戚好友都十分驚訝地問：「天啊，你怎麼可能有這個時間？我無法相信！」是的，大家說的都沒錯。**正因為確實沒有太多時間，所以才更要好好利用縫隙中片刻，再發揮複利的功能，堆疊加乘學習的效果，讓自己的能力慢慢變得厚實。**

許多人耳熟能詳的典故「鐵杵磨成繡花針」，講的是唐朝詩仙李白的故事，出自於：南宋祝穆的《方輿勝覽．眉州．磨針溪》。李白雖然天資聰

穎，但幼年時並不好學。有一天遊蕩到路邊，看到一位老婆婆正在磨一根鐵杵，好奇一問，才知道老婆婆要把鐵杵磨成繡花針。李白覺得不可思議，老太太卻說：「只要功夫深，鐵杵磨成繡花針。」

後世流傳這則故事的寓意，通常都聚焦於一個人的恆心與毅力，但是對現代人來說，時間不夠恐怕才是更大的阻礙。所以我特別用自己的實例，和你互勉：

以定期定額方式，付出努力學習，每天進步一點點，就可以賺取時間的複利，獲得很大的成長。

我常鼓勵上班族，即使是在高壓繁忙的產業工作，都可以堅持固定撥一點時間用來投資自己。千萬不要小看，每天三十分鐘、或一個星期兩個晚上的時間，持之以恆去學習，所累積的知識與技能，會讓自己出類拔萃，而且一生受用無窮。

Time Out! 

將投資自己的歷程做成筆記

1. 學習，要有成就感才能吸收得快，不妨將自己正在研習英文、日文、咖啡師等的課程進度或通過的證照，把每一次的成果都記錄在筆記本上。

2. 除此之外，還要有個除錯本，把容易犯錯的地方，重新記錄一次，並且找出答案、解決它。

3. 事後，將所有的筆記本拿出來看，就會知道自己在哪裡有所成長。就像是寫書法一樣，留下每一次練字的宣紙，對照比較之下，就會看到自己哪些筆畫越寫越順。

停止內疚吧，你值得好好休個長假

無論吸收多少時間管理的正確觀念，學會多少時間管理的超高技能，都要知道：一天只有二十四小時，一個星期只有七天，我們都不可能做到所有自己想做的事，完成一切別人託付的事。

所以，遇到做不到、做不好，或最後忍痛必須放棄，或是一開始就要勇敢拒絕的時候，千萬不需要有任何內疚。

我們之前都會安慰別人說：「盡力就好！」但若是面對自己的人生課題，在盡力之前，要先提醒自己：「這真的是我必須要做的事嗎？」確定之後，再全力以赴也不遲。

承認每一天時間的有限額度，接納自己能力所及的範圍，才能合理地規畫

生命的每一件事情，並按部就班執行。

當截止期限到來，猶如考試結束的鐘聲響起，就應該停止所有的努力與作為，讓事情可以到此告一個段落。毋須為了過程未臻完美而不甘心；更不要因為結果未盡人意而自責。

若遇到走不出的困境，最需要做的，並非繼續想盡辦法，急著去撥雲見日，而是停止一切努力，放自己一個長假。或許，耐心等待時間過去，自然雲破天開。

感到疲累的時候，讓自己好好休息！假期的時間長短，沒有絕對的標準。像我這樣忙到沒日沒夜的照顧者，短暫喘息一下就覺得很幸福。若三天兩夜，就可以算是奢侈的長假。

生活中必須有一段無所事事的時光，才能從各種不同的角度發現全新的自己。生命如同畫作，需要留白才會美。有時候，不只是需要留白，而是要換一張全新空白的畫紙，秉持開放的態度，不評論自己，願意做各種嘗試，擁有無限可能，重新揮灑出不同於以往的生命色彩。

Chapter 5

因為時間有限
而更有情

在日常生活每一刻慢慢的等待中，
逐漸修行自己、改變自己，
同時也看到未來老後，需要被照顧的自己。

忙碌，讓人變得無情

事忙，心閒。雖然要忙的事情很多，但可以明顯感覺自己正按照進度在走，也踩在精準的節奏上，還有關心別人的餘裕。

資深前輩作家蔣勳老師曾經以說文解字的方式談論忙碌，把「忙」這個字，拆解為「心」與「亡」。他說：「忙，這個字我對它的解讀，我覺得是心靈的死亡，不見得是事情多，更多原因是對周遭的東西沒有感覺。」當下認為蔣勳老師的解說非常精闢。我也用來自我惕勵，期許自己忙歸忙，但千萬不要忙到對周遭的東西沒有感覺。

繼續咀嚼一段時間之後，更深一層省思：究竟「忙」與「心靈的死亡」存在怎樣的因果關係？而我們是否可以在百忙中維持心靈的甦醒呢？

之前在微軟公司上班的時期，我曾連續四年多長期加班，工作忙碌到幾乎沒有任何私人的時間，行事曆上填滿各種會議與必須執行的公務，唯一與社交有關的活動，就是歷年來固定登載至親好友的生日註記。我本來都會為壽星細心準備禮物，並手寫卡片，但在工作忙碌到不可開交的情況之下，就變得偶有疏漏，或沒時間準備禮物與卡片，只是發個電子郵件或手機訊息，祝福對方生日快樂。

雖然至親好友收到生日祝福，還是會有驚喜感動，但對我而言，自己知道表達心意所花的功夫已經不若既往，這即使騙得過別人，卻逃不過自己的檢視。**忙碌，或許不是讓一個人立刻變得無情，也不至於馬上影響人際關係，但總是不比花時間與心思為對方付出，來得有情深義重的感動。**

私領域如此，工作亦然。在辦公室一忙起來，也很容易讓自己變得六親不認，甚至連脾氣都控制不好，只希望趕快把工作完成，盡量準時下班。

越是忙碌，越要提醒自己：不能忽略人情世故

組織體系中，對於忙碌程度的設計，是一項管理的藝術。**辦公室的工作若太閒散，很容易造成士氣低落。**因為缺乏明確的工作目標，也就不會有適當的激勵措施，同仁無聊沒事做，就會嚼舌根、講八卦，人際關係是是非非也跟著多起來。表面上似乎很有「人味」；實際上卻只是「羶味」。

過度忙碌的辦公室，則因為大家都面臨很大的時間壓力，而缺乏人情味。既沒空噓寒問暖，也不太能幫別人的忙。在「心有餘，而力不足」的人際互動中，就只剩公事公辦。

日本禪師作家枡野俊明，就曾經感嘆現今社會不若舊時代的日本，上班族因為忙碌到自顧不暇，而無法自發性地互助，造成人心的隔閡，彷彿工作只是為了賺錢，而其他與金錢沒有直接相關的價值就被忽略。

然而，已經忙碌到加班都未必能把事情做完的我們，又該如何兼顧人情世

故呢？我倒是曾經延伸應用「番茄時鐘工作法」的精神，做了不同於以往的練習。

「番茄時鐘工作法」的基本原則是：專注工作二十五分鐘，隨之休息五分鐘。但像我在微軟公司服務時那種很忙碌的狀態，真的很難做到，我會盡量專注工作五十分鐘，休息七到十分鐘，然後在休息的時候，利用三到五分鐘，處理一些可以關照人情世故的小事。例如：發幾則問候的訊息、或訂個假日家庭聚餐的行程等。

在忙碌中，保持自我覺察

有些朋友可能會覺得：「那本來要休息的十分鐘，豈不是就無法好好放鬆了。」而我想分享的經驗是：**把部分休閒時間用於情感的連結，可以讓自己回到工作時更有熱情與拚勁。**因為這樣做，會覺得自己並不孤單，同時也豐富工作的意義，不只是為了賺錢或成就自我，而是有人可以分享與支持。

若要避免「忙」與「心靈的死亡」畫上等號，就必須擁有自我覺察的能力，讓自己在萬般忙碌的同時，還要能夠保持對人與事的慈悲。不是只想到自己要什麼，也要兼顧別人的感受。

在工作中適度保有人情，這樣的平衡感，其實對舒緩壓力有很大的幫助。否則，很容易造成惡性循環：因為工作壓力大，而變得冷漠，最終導致眾叛親離；一旦陷入孤軍奮戰之後，工作壓力就變得更大。

事忙；心閒。這是一種時間管理很高的境界，但並非遙不可及。雖然要忙的事情很多，但可以明顯感覺自己正按照進度在走，也踩在精準的節奏上。即使可能有難以預測的變數，也都在自己可以控制的範圍之內。

我常觀察身邊很有成就的名人朋友，總是可以在非常忙碌的每一刻，保持氣定神閒，不慌不亂，更不會因為壓力太大而亂發脾氣，遷怒別人。這就是一個人重視時間管理並徹底執行的最大好處。除了提升效能，還能兼顧人情世故。

Time Out! 

番茄鐘工作法

番茄鐘工作法（Pomodoro Technique）是由弗朗西斯科．西里洛（Francesco Cirillo）所發明，並在國際間受到廣泛的引用。它的核心概念是以30分鐘為一個單位，以25分鐘工作、5分鐘休息的節奏，讓使用者可以發揮高效專注力，並將大目標拆解為可小階段執行的範圍。

1. 寫下當天預計執行的工作。

2. 以「需要幾個番茄鐘」的角度，為自己設定工作目標。

3. 每完成四個番茄鐘，要安排15~30分鐘的長休息。

4. 透過回顧和追蹤，檢視自己的工作效率。

除了設定鬧鐘，現在也有許多免費的手機APP，讓番茄鐘執行更容易，如「專注清單–番茄工作法＆任務清單」「番茄ToDo」等，以「番茄鐘」為關鍵字搜尋即可。

別讓自己變成窮忙族

身處艱困的環境，更要透過時間管理，認清自己的工作目標，找回初衷與熱情，才不會讓「窮」與「忙」如影隨形。

近年來台灣因為經濟與發展階段的轉變，很多行業成長停滯、甚至衰退，年輕人的起薪、與一般上班族的加薪，普遍跟不上物價的飆漲，因此越來越多人被歸類在「窮忙族」。意思是既「窮」，又「忙」。我從事的媒體行業，是典型的代表。固然這是整體環境的現實；但我也很有幸能因此發現自己對工作的熱情，在即使收入不豐的前提下，還能積極投入，忙得很開心。

我經歷過整體經濟發展不同的階段，對金錢收入方面的態度是：盡自己的努力，隨遇而安。但也不否認在媒體與出版產業剛開始劇變的時候，看到公司與個人年度收入驟降，會有回天無力的感嘆。

後來發現相關產業的景氣越來越低迷，我對工作依然很有熱情。就算主持工作二十年來沒有加薪、版稅收入只剩下出版全盛時期的三十分之一，還是全心投入，希望把每一集節目、每一本書都盡己所能地做到最好。從積極的工作態度，印證我所從事的事情，確實是自己真正的熱愛。

「窮忙族」轉念，就有機會大翻身

這些相關行業中，還有很多剛剛踏入社會的年經人，明知待遇不如其他行業，仍一頭栽入。看著他們滿腔熱血的身影，呈現生命的另一種金錢無法衡量的豐盈與富足。

由此可見，**「窮忙族」真正的問題，不是「窮」、也不是「忙」，而是找**

不到熱愛工作的動機。如果要撕掉「窮忙族」這樣的心理標籤，並且有機會增加實質的收入，建議參考以下三個原則：

一、金錢不是工作唯一的報酬：

即使目前這份工作所賺到的金錢並不多，但只要認真去做，一定可以累積經驗與人脈，甚至是一些你眼前沒有留意到的緣分。

金錢，是有形的收入。除了金錢，還有更多無形的報酬。只要你懂得收取與累積，就會發現自己真的一點都不窮。而且，薪資不如預期，也只是這個階段暫時的困境而已，將來有更多的賺錢機會等著你。

二、管理時間讓自己相對不忙：

雖然每天有二十四小時，這個時間數字確實是固定的；但因為每個人運用時間的方式不同，能完成的工作與獲得的效益就會有很大的差異。

依據之前篇章提到時間管理的各項觀念，做好各種行程規劃，把握時間具有延伸性與摺疊性等特點，只要你經過練習後，熟悉運用各種技巧，確實有可能大幅改善忙碌情況。

忙碌是相對的感覺，而不是絕對的數值。時間緊繃的程度，取決於自己彈性的大小。所有時間管理的理論，都不是要你在有限的時間，做更多的事；而是希望你學會時間管理之後，在做同樣項目的事情時，可以比過去獲得更多休閒，並且活得更輕鬆。

三、培養跨領域的技能或專長：

如果目前的工作，已經無法滿足你的好奇心與挑戰性，還是要盡力完成它。或許有機會在完成的時候，因為有所成就感而自我激勵，找回初衷，激發熱情。

萬一真的發現，自己在這個行業已經沒有太多繼續發展的潛力，就要利用公餘時間，培養其他跨領域的技能或專長，為自己開拓轉職的新機會。而且，還有可能把現有的經驗，轉換成對新工作有幫助的資源，即使現在是「窮忙族」，也會因此而大翻身。

無論你現在幾歲，是不是屬於「窮忙族」這一掛的，擁有跨領域的技能或專長，都可以讓自己得到更多發展的機會。

追求生命的意義與價值，財富隨之而來

任何人都不會希望自己忙到最後一場空，庸庸碌碌過完此生。如果來到四十歲、或已經五十歲，更要好好利用上述三個原則，脫離「窮忙族」的工作模式，為將來退休做出具體的準備。

越是身處艱困的環境，越要透過時間管理，認清工作的目標，找回初衷與熱情，才不會讓「窮」與「忙」如影隨形。

學會把時間管理的觀念與技能應用在工作上，固然可以增進效率，也可以贏得財富；但更重要的是延伸於生活中，找到自己生命的意義與價值。

與其不停埋怨時運不濟，經濟環境變差，不如改造自己，脫離「窮忙族」的行列。有沒有錢還在其次，工作得開心先擺第一。等發現自己忙到很開心的時候，就不會被金錢所困，財富也會自然隨之而來。

Time Out! 

你的熱情在哪裡

保留30分鐘至1小時不被打擾的時間，靜下心來詢問自己以下問題：

1. 對於現在的工作，你做得開心嗎？你內心的眞實感覺是什麼呢？

2. 你能看見現在的工作在一年、三年、五年後的發展嗎？那是你想要的嗎？

3. 如果不考慮現實（經濟狀況），你眞正有興趣和熱情的事，是什麼呢？

把答案寫下來，思考下一步要怎麼做吧！

機會，是留給有預約的人

提早預約，確定時間，可以免除很多未知的變數，不論對自己或他人，都有利於規劃行程與活動。而且越早預約，就越有機會。

疫情漸漸舒緩之後，每到星期五晚餐時間，市區內評價比較好的餐廳都一位難求，座席早就被預約光了。有些餐廳，甚至要提早兩個月前訂位，才有機會預約成功。

在供不應求的市場上，預約制度確實是一項便利於買賣雙方的做法，也符合公平原則。比起現場排隊，消費者可以拉長因應的時間。即使預訂時發現已經被其他人秒殺，也能有所心理準備，尋找其他替代方案。

再舉一個例子，母親生病之後，每年農曆初二歡迎姊姊們回娘家，我們都在外面的餐廳相聚，在這種日子訂位，跟除夕圍爐同樣熱門，從前大約提早兩個月就可以訂到座席，這幾年甚至要早於三、四個月前訂位，動作不夠快，還可能錯失訂位的機會，必須另覓其他餐廳碰碰運氣。

不只受歡迎的餐廳，需要提前預約。每逢大節日，像是年菜、粽子、月餅這些熱門美食，也都需要提早預訂。而日常生活裡，譬如剪髮、打羽球場地、甚至醫院門診掛號等，也都是越早預約越有機會。

提早預約，可以拿回時間的主導權

有些因為沒預約而向隅的人，在碰一鼻子灰之後會抱怨：「怎麼這麼麻煩啊？什麼事都要搞預約，一點彈性都沒有。」

其實這個想法，是一種很大的誤解。

站在時間管理的角度來看，預約制度並不是只對商家有好處，而是讓消費者把時間的主導權，拿回來放在自己手上。

因為提早預約，確定時間，就可以免除很多未知的變數，反而有利於規劃行程與其他活動項目，在每週行事曆上預先做出拼盤，只要表格上留有適度的空間，依然可以滿足一小部分的臨時起意、或隨機應變。這就是前面篇章（請見本書第192頁）提到，要拼盤而不拚滿的觀念。

如果沒有提早預約安排，每天的生活與工作裡，大部分的事項都會變成只能臨時起意、或隨機應變，很容易混亂成一團糟。

我是一名家庭照顧者，隨著母親年歲漸長、以及病情發展，每個星期要去醫院門診的次數很多。最高紀錄是一天之內有四個門診。因此我都會特別留意提早掛號，讓診次號碼可以盡量提前，以方便後續時間的安排。

如果門診的診次號碼，排在前面五號，可以推估大約半小時到一小時之內可完成，接續就能安排處理其他待辦事項。假使診次號碼是落在二、三十號以後，時間的變數增多，即使可以遠端查詢，離開醫院的時間仍難以準確估量，徒增不確定的因素，也壓縮門診結束後可以利用的時間。

至於如何讓門診的診次號碼提前？秘訣無他，就是做到「提早掛號」、「提早報到」兩件事而已。只要每次看診之前都能提早掛號，看診當天又能提早報到，每一次診號就有機會往前推移。像我媽媽這種需要長期就醫的慢性病患，時間久了、次數多了，門診號次就能越掛越前面，門診當天不用等太久，時間變數也就相對減少。

商業拜訪，更需要提早預約

在我從事電腦資訊產品行銷那幾年，有機會帶領業務團隊，和第一線的業務人員一起並肩作戰。剛入行的業務員，常把陌生拜訪視為畏途，對於頻繁的「約訪被拒」，感到十分無能為力。

「約訪被拒」的原因，可能有一百個。但若是「客戶很忙，約不到時間」這一項，倒是可以運用「提早預約」來因應。

如果「客戶很忙，約不到時間」，並不是客戶拒絕見面的藉口，而是他真的無暇撥冗，這時候「提早預約」就等於是在幫助客戶規劃時間。提早一個星期約不到，就提早兩個星期。若還是沒約成，再提早一個月、兩個月，總會等到對方可以碰面的時間。

同樣地，假使客戶是因為意願不高而刻意避不見面，業務人員還是很有毅力地多次「提早預約」，客戶拒絕的次數多了，等某一天機緣到了，他可能會因為一時心軟，或被誠意打動，而願意見面。

有句話說：「機會，是留給有準備的人。」應用在於時間管理上，可以調整為：**「機會，是留給有預約的人。」而且，越早預約，就越有機會。**

以我目前個人狀況為例，很多單位想要約我演講、授課，但主要的行程都在照顧媽媽、以及既定的例行工作，若只提早一、兩個月，勢必很難約成，若能提早半年約，我便有足夠的時間安排與應變，比較有機會合作成功。而且我發現：越早提前預約的單位，越重視這次合作，屢試不爽。這表示對方也很在意時間管理，所以聯繫與工作的品質都相對值得信賴。

Time Out! 

當個提早預約的人

你是原本就有提早預約習慣的人嗎？如果沒有，試著改變做事的方式，看看能帶來什麼不同的成果吧！

1. 有沒有對你來說很重要的事情？比如說家族聚餐、固定學習某件事情、或是某個很想碰面的對象？

2. 把這件事的期限先排定下來，不論兩週、一個月甚至三個月後才能執行都好。

3. 如期安排成功的時候，回想一下許久之前預約的那一刻。是不是覺得提早準備相當值得呢？

同理與尊重，就從時間開始

每個人心裡的時間刻度不同，處理事情的節奏感也不一樣。唯有靠更多的同理與尊重，才能真正解決問題。

剛進電腦資訊業工作時，我所服務的公司對於員工上下班時間，採取非常彈性的政策。現在聽起來，也許沒什麼了不起。尤其經歷過疫情的階段，體驗過「在家工作」的模式後，大家應該已經了解彈性上班時間的意義，但是若把情境拉到三十年前，就會深深感受到這是對人的一種極大的同理與尊重，而且一定是要基於彼此相當程度的信任，才能夠完善運作。

當時的彈性上班政策，給員工很大選擇的空間。例如：從清晨六點半到上午十點，都是可以上班的時間，做滿八小時即可下班。而且，不需要打卡。每個員工可以依據：住家距離的遠近、交通時間長短、家庭照顧需求等因素，自由決定幾點開始上班。

又如，女性員工懷孕或育兒期間，可以視情況需要申請上半天班。公司也會安排適當的人力支援，共度這個非常態的時期。

類似這些時間的彈性措施，行之有年，不但沒有造成公司成本負擔，還因為十分人性化的管理風格而贏得美譽，除了業界往來的廠商給予高度肯定，也讓更多企業外部的優秀人才，想要加入這家公司。

以時間的規範，達成彼此的共識

誠如之前篇章提到，每個人心裡的時間刻度不同（請見本書第38頁），處理事情的節奏感也不一樣。以較為兩極的方式舉例，有些人真的就是「急驚風」，另一種人是「慢郎中」。因為個性、能力、或價值觀不同，在時間的感覺和應用上面，確實有很大的差異。因此**無論是日常相處、或是工作配合，都需要從對時間的了解與運用開始，有足夠的同理與尊重，才有可能相處愉快、合作成功。**

部門組織中許多工作流程的設計，就是為了將個性、能力、或價值觀差異的風險降到最低，以大家都能接受的標準作業流程，來統一彼此時間節奏未必一致化的問題。但即便如此，難免還是有些需要磨合的狀況，唯有靠更多的同理與尊重，才能真正解決問題。

我從前服務的部門，都是負責公關、行銷或業務銷售相關的工作。從事這類專案的同仁，多半很有創意、機動性強、行事風格很活潑。但是再怎麼多變有趣的工作，還是需要嚴謹紀律規範的環節。例如每個月的費用需要報帳，數字必須精準，日期不得有誤，而且一定要配合財務會計部門的要求，在指定的期限之前完成資料與單據的彙整。

這些屬於行政庶務性質的事項，通常都是行銷業務人員的罩門，若個人工作處理不好，很容易擴大成為部門與部門之間的衝突。有些業務人員，忙著扛業績而衝鋒陷陣，卻因為訂單資料未能如期彙整，導致來不及出貨；或是延誤業績獎金的核發，會產生很多問題。

因為自己是從基層做起，很了解每個環節的流程，所以升任主管之後，就知道該如何叮囑同仁留意。如果碰到報帳動作比較慢的業務同仁，我會特別在結帳前一個星期提醒他，也會協助他在行事曆上設定提醒鬧鐘，真不行的話，再出動業務助理來幫忙，以確保他能在財務會計部門指定的期限之前，提供完整資料。

在家庭照顧中，練習面對老化遲緩的問題

回到家庭事務，從時間開始的同理與尊重，更是化解家人之間情緒衝突的必要練習。

幾年前，媽媽被診斷出頭頸癌蔓延到全身多處惡性腫瘤之初，尚未找到

適合的治療方式，腫瘤快速發展，體積越來越大，而且越來越硬化，導致她無法言語，也幾乎不能咀嚼，在家吃一頓簡單的粗茶淡飯，都要花費九十到一百分鐘以上。當時我既難過又焦慮，內心承擔無比沉重的壓力。

看見自己的至親長輩，正在與死神拔河，很自然地學會以謙卑的態度面對生命。我坐在餐桌邊，慢慢地為母親處理食材，即使是已經煮到很軟爛的蔬菜或魚肉，還是必須剪切得更細碎，以方便一口一口餵食，讓她慢慢吞嚥。每當身處或回憶起那樣的情景，很容易讓我推想到自己在嬰幼兒時期，應該也是受到父母如此的耐心對待，而我眼前所能做的、所能回報的，也真是千萬分之一而已。

經過連續多年的治療與追蹤，很慶幸母親的病情得到很好的控制，但隨著年歲的老化，她的思路與動作都越來越遲緩。我慢慢將母親從沙發上抱起來，慢慢將她扶坐於車內的椅子，一切都變得慢慢……行事風格偏向比較急的我，總算在日常生活的每一刻慢慢的等待中，逐漸修行自己、改變自己，同時也看到未來老後，需要被照顧的自己。

Time Out! 

從日常的慢慢等待開始，練習同理

1. 遇到年長者，可以想像八十歲的自己，是不是動作快不起來？原本可以輕鬆想起的事，光是連回憶都很困難。

2. 如果朋友有小孩因此遲到，想像看看對方出門需要準備多少東西、孩子的步伐小、動作慢、心情不好需要哄……

3. 遇到讓你失去耐心或需要等待的事情，不要用「等候」去看待，而是把它想成是上天給你的「修行」。

聲明底線，遲到就別說再見

面對經常無故遲到的人，絕對不能一味隱忍地說：「沒關係！」而是要嚴正說明自己的底線，懇請對方務必尊重。

大概是我天生個性不耐煩的關係，很討厭和我約見的人遲到。尤其最不能忍受的是約好看電影或觀賞表演，因為對方遲到導致無法準時入場。其實在一些比較尊重表演者的場合，主辦單位會嚴格規定，正式開演後就不能再讓觀眾進場，除非是等到下一段表演的休息時間，才能夠允許遲到者入場，即使觀眾買的是最貴的票券，有再不得已的理由，都無法破例。

根據多年來的觀察，發現真正用自己的錢，買最貴門票的觀眾，比較少遲到。因為他會很重視這場表演，而且不希望沒看到完整的表演而讓自己吃虧。反而是拿公關票、或是接受朋友招待的人，遲到的狀況比較多。遲到，這件事情的本身就是佔人時間便宜的行為，只讓自己方便，不顧別人感受。

從前，如果有朋友跟我約見，遲到超過十五分鐘以上，而沒有提出當下可以說服我的理由，我通常是不會再跟這個人有第二次約會。這個條件說起來真的有點嚴苛，所以近幾年來，我也學著體諒對方，而把標準放鬆一些。

在尚未放鬆標準之前，我有多次在對方尚未趕到之前，就自己先離開的爽快紀錄。但後來仔細想想，這種反應是藉由轉身離開來向對方提出抗議，可是結果卻懲罰到自己。

若是錯過一場電影、一場表演，還可以另找時間，自己再擇期前往。但如果是取消一場會議，就會影響工作進度，對自己和團隊都得不償失。經過幾次溝通處理的經驗，我逐漸鍛鍊出正面迎擊的勇氣，會直接告訴遲到的人，我等待的時間底線是什麼，若再踩到這個底線，就絕對不會再約下次。

面對別人的遲到，要即時做出適當的反應

早些年，我扮演過更卑躬屈膝的角色。眼看對方遲到，嘻嘻哈哈地出現，他若無其事與大家打招呼，我居然還能陪著笑臉說：「沒關係！」事後想來這真的是很鄉愿啊，多麼不符合公理正義原則的反應，讓自己忍了一肚子氣，對方根本不會檢討警惕。

於是我慢慢學會，**面對經常無故遲到，而且超過時限的人，絕對不能一味地隱忍，更不能和顏悅色說：「沒關係！」因為這樣做，會助長遲到的行為。正確的反應是：嚴正地擺出一張一本正經的臉，讓對方知道遲到是不受歡迎的行為，接著要求他趕上進度，並再三提醒：以後不要再遲到。**

朋友曾經問：「萬一這個有慣性遲到習慣的人，就是你老闆，那該如何處置？」我會請老闆秘書或助理，再三提醒他會議時間。如果幾次下來，老闆還是依然故我，我會拜託秘書通風報信，告知老闆即將出發前往會議室，我推估時間，只要比他早到一、兩分鐘就好。

萬一，老闆慣性遲到、秘書也不通風報信，我只好事先多帶一些資料，利用等待會議開始的時間，處理其他工作，以免坐在會議室裡枯等，或只能跟同事磨牙。

把握片段時間，完成瑣碎的工作，本來就符合時間管理的精神，而且會省下很多原本可能被浪費掉的時間，帶給自己很大的成就感。

體諒別人遲到的不得已，也要隨時警惕自己

從事媒體工作，尤其是做現場節目，真的是分秒必爭。曾經有一位非常受歡迎的藝人，因為慣性遲到而遠近馳名。剛開始因為他上節目的效果很好，每次出現都會帶來比較高的收視率，所以製作人還是百般忍耐。但這位藝人越來越紅，接的節目通告越來越多，慣性遲到造成連鎖反應，往往同一天、不同電視台的節目錄影，都在天荒地老等他出現，終於引起其他主持人與來賓的不斷抗議，最後竟在圈內銷聲匿跡。

過了很多年，我才輾轉知道，他其實患有很嚴重的強迫症，出發或離開一個地方，都會因為需要再三檢查而耽誤時間，連洗澡都要花費一至兩個小時的時間，所以才經常遲到。

《論語》記載曾子說：「如得其情，則哀矜而勿喜。」知道這位藝人患有強迫症的事情，改變我對遲到的看法，標準也變得比較寬鬆。但副作用就是我對自己的要求，也變得不若既往嚴格。尤其照顧高齡長輩的時間越久，越能知道很多遲到都是情非得已。例如，長輩突然臨時要如廁，會耽誤很多時間。所以我會在偶爾不得已遲到五至十分鐘的情況下，事先據實告知對方遲到的原因，以及會延後幾分鐘，避免對方枯等。

遲到之後，最重要的事，並不是致歉，而是彌補。因此除了道歉之外，一定要提出具體的彌補，並保證不會再犯，才能挽回自己的信用。

「準時，沒有理由；遲到，很多藉口。」這是我一直用來自我惕勵的話，儘管我沒能做到百分之百不遲到，但至少我很努力在避免成為自己討厭的那種大人，而且會一直努力下去。

Time Out! 

避免遲到的四種方法

1. 不論你原本預定幾點出發，都比原本預定的時間提早15-20分鐘動身。

2. 請身邊的人一起提醒你，需要提早出發的時間。

3. 避免遲到的藉口，比如若你是擔心「太早到沒事做」，先準備好等待時可以處理的瑣事。

4. 探索心理深層的遲到原因：是其實不想去、天氣不好就會懶得出門、不夠重視約見的對象，還是有其他更重要的事情需要優先處理？

認真使用工作的待辦清單

每天醒來與睡前，檢視「待辦清單」，是一個誠實面對自己的過程。你可以逃避面對自己，但時間會還原真相給你。

在所有與時間管理有關的小工具中，我最常用、最重視、也最喜歡的是：「待辦清單」（To Do List）。之前服務的幾家公司，把「待辦清單」視為非常重要的時間管理工具，還請設計公司製作印刷辦公室專用的「待辦清單」便條紙，方便同仁登載需要完成的事項、截止時間、相關聯絡人等資訊，以便於提醒備忘，不會漏掉任何細瑣的事項。

離開企業界，成為自由工作者後，我還是常到書店選購不同風格的「待辦清單」。有的設計非常雅緻、有的佐以可愛的卡通圖案、有的融入畫家手繪的文青小物件，在百忙的工作中，帶來療癒的作用。

雖然只要是需要提醒執行的事項，都可以登載於「待辦清單」中；但我覺得「待辦清單」對於細瑣的事情，特別有效。因為比較重大的專案項目，通常都記得比較清楚，反而一些相對的小事，便容易被忽略掉。

例如，有時候瞥見手機剛剛跳出的一則訊息、或一封電子郵件，若沒有隨手記下來，很可能在忙碌中過目即忘。如果它是很重要的一件小事，而你卻漏掉未能即時處理，就會造成很大的困擾或損失。

「待辦清單」的另一個功能，是把行事曆上早先的紀錄，屬於「規劃」性質的項目，編整為此刻、當下必須「執行」的內容。這也是時間管理的最後一個步驟，當執行完畢後，在此項「待辦清單」條列的文字上，畫刪除線或打勾，註記為已經完成，像是拍攝影視節目的殺青儀式，代表任務終結，給自己一點成就感，也可以因為責任已盡而鬆一口氣。

仔細檢視「待辦清單」，才能有效運用時間

習慣使用「待辦清單」，是時間管理的一個開始而已。如何物盡其用，才是成功的關鍵。以下是「待辦清單」是否能被有效運用的三個關鍵思維：

一、條列的執行項目，是否與目標有關聯？

這點非常重要，如果條列在「待辦清單」上的工作項目，大部分與既定目標無關，表示規劃過程出了問題。也許是當初考慮得不夠周延，漏掉一些其他應該兼顧的項目；或是自己常把生活畫錯重點，導致雜七雜八的待辦事項很多，該做的事情卻都沒時間做。

或有另一個可能，手邊做的事情，都只是在滿足別人的請託，而不是自己真正需要花時間去執行的項目。這時候，該不該做、或該花多少時間做，就很值得好好重新斟酌一番。

二、每天條列的待辦事項，數目是否太多？

根據平均統計，一般正常人在當天上班時間之內，可以處理完的待辦事

項，大約是七項，就算工作效率很高、或是瑣碎事項可以很快處理完，大概頂多不會超過十項。如果你每天的「待辦清單」，項目林林總總，數量超過十幾、二十項，就表示你需要重新檢查自己的工作狀況了。

三、該做的事都始終都做不完，如何處理？

在微軟公司服務那幾年，因為負責參與Windows、Word、Excel、PowerPoint、Project等軟體中文化的開發與行銷，忙到每天都加班到深夜，一天上班時間超過十二個小時。每天「待辦清單」上的項目平均都有二十幾項，即使工作超時，還是做不完。

午夜下班前，只好在「待辦清單」上面進行「愚公移山」，把沒做完的工作，移到隔一天的「待辦清單」。日復一日，終於開始自我懷疑：這真是我要的人生嗎？

直到有一天，比爾．蓋茲從美國來訪，午間與我們吃便當聊天，他提及「待辦清單」的使用經驗。我學到的心得是：

在「待辦清單」條列太多做不完的工作，根本就是一種自我欺騙的行為。

如果長期觀察下來，確實有這麼多事情做不完，應該要重新檢討目標設定、與任務分配，並且開始對工作斷捨離。服務四年多之後，忍痛放棄我熱愛的工作，與割捨觸手可及的財富與職位，毅然決然離開微軟公司，是我對這項體認付諸行動的決定。

認真使用「待辦清單」，就是誠實面對自己

長期使用「待辦清單」，我對「時間管理，就是人生管理。」這句話有很深的體悟。你把時間花在哪裡，就會變成哪樣的人。

每天醒來與睡前，檢視「待辦清單」，是一個誠實面對自己的過程。你可以逃避面對自己，但時間會還原真相給你。

儘管目前時間管理APP盛行，已經有很多電子版的「待辦清單」，但我還是很習慣依照不同性質的事項，同步使用紙本的「待辦清單」，在手感的溫度中，疼惜辛勞的自己，並帶來無限的療癒。

Time Out! 

開始你的待辦清單計畫

把握以上提到的幾項原則，讓待辦清單成為認識時間運用的好幫手：

1. 每天能完成的待辦事項為7~10項。

2. 提早規劃當日的計畫待辦清單，醒來時務必再確認一次。

3. 工作時把待辦清單放在手邊，提醒自己待做的小事。執行完畢後，可以打勾或劃線刪除，獲得小小的成就感喔！

4. 在睡覺前回顧當日的待辦清單，確認時間都花在哪裡。

5. 以一週為單位，檢視一下自己的整體安排，是否有需要斷捨離的項目？

刪除人生的願望清單

一心向外追求，總是為了沒有完成的事，而感到遺憾，這其實是一個執著的妄念。人只有真正活在當下，才不會有遺憾。

熟齡群組中有幾位認識多年的老友，疫情之前都會定期安排聚餐。雖然我因為家庭照顧的關係，個人的時間非常有限，無法每次都參加，但看到聚餐後的照片，以及俏皮的對話，感到很溫馨。疫情之後，每次有人發起聚餐，時間變得很難調整在一起，原來是大家都陸續在出國旅行中，一棒接著一棒，還大開玩笑，說要：「一路玩到掛！」

這句玩笑話，出自二〇〇七年上映的美國電影《一路玩到掛》，原英文片名是《The Bucket List》，在中國大陸翻譯為《遺願清單》，在香港則翻譯成《玩轉身前事》。無論哪個譯名，都有其市場的考量，但也都因為聚焦於生死議題，而顯得更值得玩味

「The Bucket List」從英文諺語「kick the bucket」發展而來。bucket是「桶子」或「水桶」，而踢水桶是指「兩腳一伸」，也就是「翹辮子」「死了」。所以從kick the bucket演變而來的bucket list就是指：一個人離開這個世間之前，為了不留遺憾而想完成各項事務，所條列而成的待辦清單。

及早往內探詢，啟動人生真正的旅行

《一路玩到掛》描述兩位背景懸殊的男主角，發現自己罹患癌症末期，決心要活出精采的餘生。他們領悟到生命所剩無幾，為了不留遺憾，而展開圓夢之旅。電影中的金句：「你人生中最後悔的事，往往是你沒完成的事，而

不是你完成的事。」引起很大的共鳴，但事實真的是這樣嗎？

大約三十歲左右，我因為工作與旅行的關係，多次前往歐洲，或長或短的停留，並認定巴黎是我的靈魂故鄉，還曾經一度有定居巴黎的打算。後來沒有完成這願望，曾令我深感遺憾。尤其母親病倒之後，離家超過五天的出差或旅遊，更是我可望而不可求的安排。

在照顧母親將近二十年後，我徵得她的同意，取得家人的協助，終於排除萬難，回訪睽違甚久的巴黎。剛抵達的那幾天，內心十分激動，深刻體驗所謂的「人事已非；景物依舊」，感覺巴黎依然年輕，只是我和我那些巴黎的朋友都老了。

回台灣之後，我把相隔二十年的巴黎印象，寫成一部作品《每一次出發，都在找回自己》（皇冠出版），在完成「願望清單」之後的書寫過程中，還要從超過一千張的照片裡，精選出提供新書刊載的畫面，圖文同步進行，左腦與右腦並用，我也不斷在叩問自己：「再度造訪巴黎，真的是我的願望清單嗎？如果我此生不再返回，是不是就會有很大的遺憾？」

畢竟那是我費了九牛二虎之力，下定暫時要「拋家棄母」的決心，好不容易才完成的願望清單，事後回想起來，必定是很值得的吧？

誠實而言，很值得！但真正值得的，並非回訪巴黎這件事，而是重返巴黎後，才發現：即使這次沒有回訪，或此生再也無緣前往，我也不會感到遺憾。因為我終於明白：**真正的靈魂故鄉，根本不在遠方，而是在我想出發的心上。**我很喜歡書中這一句話：「啟程，只為了遇見那個願意改變的自己，每一段旅行，都是心的修行！」原來，**真正的旅行，並不是向外追求，而是往內探尋；每一次改變自己的意願，就啟動了一趟心的修行。**

靈性覺醒，是時間管理的最高境界

我曾經在 YouTube 頻道「吳若權幸福書房」的直播節目《殘酷邏輯》免費線上課程中，與學員們互勉：「刪除願望清單，學會解脫與放下！」

那次課程剛開始，學員們難免感到驚訝：「有願望清單不是很好嗎？為什麼要刪除？」於是我先請大家在留言區寫下自己的願望清單，幾位學員留下像是：「環遊世界」「擁有一幢房子」「有修行的空間」等這樣的內容。

經過深入的互動討論之後，我們得到以下共識：世俗中的願望清單，多半都是向外追求，想要得到更多體驗，而不是往內探詢，以期許自己可以放下更多。其實世俗中這一類的願望清單都可以刪除，因為即使達成願望，也只不過是滿足意識的企圖，並無助於靈性的覺醒。

從「吸引力法則」的觀點來看，從「不想有遺憾」出發的願望，只會吸引更多遺憾。回頭再多咀嚼幾次電影中的金句：「你人生中最後悔的事，往往是你沒完成的事，而不是你完成的事。」就未必真的是這樣了。

一心向外追求，總是為了沒有完成的事，而感到遺憾，這其實是一個執著的妄念。**人只有真正活在當下，才不會有遺憾。**

時間管理，就是人生管理。時間管理，不是要你爭取時間，去做更多的事。而是要你只做與自己人生使命有關的事，並活得自在輕鬆。而唯有保持清明的覺知，你才能確定：當下的自己與人生使命，已經完全連結在一起。

Time Out! 

刪除你的願望清單

1. 給自己一個小時，盡情寫下你所有的人生願望。例如：學一項樂器、學外語、去某個異國（或很多國家）旅遊、在工作上有某些進展……

2. 依循心動、想實現的程度，為所有願望做出排序。

3. 將排序前十名中，與靈性覺醒無關的願望直接刪除。

4. 剩下少數的事項，就是你靈魂真正想實現的願望。問問自己，該怎麼做、花多久時間才能達成呢？把願望變成具體吧！

5. 從此展開靈性覺醒的旅程！歡迎參考吳若權的相關作品與YouTube頻道《吳若權的幸福書房》。

如果還有來生：天上人間，最大的時差

我們窮盡一生之力，精準記錄與計算時間，但若最後發現時間竟是虛幻的，它根本不存在，只是被人類設想出來的，心裡的感受會是大失所望、或鬆一口氣？

愛因斯坦的《相對論》對時間所提出的見解是：「時間只是幻覺。」我們對過去、現在和與未來所認知的界線，是一種長久以來的錯覺。除了愛因斯坦，從古至今仍不斷有科學家為解時間之謎，前仆後繼地進行各種實驗。

根據二〇一九年《科學》期刊（Science）所載，美國太空總署（NASA）「雙胞胎研究」報告，指出：「人上太空之後，造成數千個基因及分子改變。」外表看起來比較年輕，是個人主觀感受；但生理衰老速度減緩，卻有數字可以佐證。不過這些改變，在回歸地球六個月之內都恢復正常。

如果時間未必是完全虛幻的，但至少可以推論：時間是一個相對概念。以現代科學的研究，已經印證「天上方一日，地上已千年。」不只是神話傳說，而且可能是宇宙中最大的時差。

而對地球人來說，我們要擺脫依賴時間刻度的長久習慣，重新活出沒有時間感的新世界，其實也不是太困難的事。《心經》提到的：「無眼耳鼻舌身意，無色聲香味觸法，無眼界乃至無意識界」講的就是：透過修行，可以超越感官的限制，之後來到「乃至無老死。亦無老死盡。」洞見生命的真相是無盡的生死輪迴。

如果還有來生，此生的每分每秒、一心一念，都會影響來生。而此生沒做完、沒做好的課題，來生也都會重來一遍。只要想到這裡，當我每一次覺察自己正面臨善惡的抉擇，都會更加戒慎小心。寧願此刻認真以待，不要把負擔留給未來。

每個生命，只是恆河沙數。時間，並非不存在，而是永恆且無始無終。

時間秘笈：寫給人生路上的你

在人生的不同階段，需要的時間管理技巧也不相同。

在這裡，以短篇幅快速提點不同角色最需要的建議。

一、寫給學生的你

確認課業或成績的最終目標，就能細部拆解，為自己規劃進度。將幾年後的志向化為當下的行動，找到每一天自己必須做的事。

學生時期，大部分的人都是沒有選擇的，必須將大部分時間花在學校和課堂上，人生目標似乎只剩下考試和成績。雖然很可能覺得是「被迫」進入這樣的狀態，但請試著把被動化為主動，思考希望自己成為怎麼樣的人？現在該做些什麼，才能往這個目標邁進？因為有一些人生目標或願景，的確是需要課業上的學習，一步步累積，才能夠達成。

這個時期最大的優點，是目標和人生要務相對純粹，可以想想，除了成績之外，你喜歡什麼、又重視什麼？興趣？社團？運動？朋友？還是家人？確認課業目標，就可以將任務拆解，為自己訂出每天的具體進度。除此之外，別放棄其他重要的事，這些事情，能成為你專屬的心靈充電時間。

▪「學生」的五大時間管理重點

1. 與其為唸書所苦，不如先問問自己：我想成為怎麼樣的大人？
2. 以目標（例如：在段考前唸完ＯＯ單元）分配每日進度。
3. 不把每分每秒都排滿，需預留萬一落後時、可以挪用的時間。
4. 每週為課業之外重要的事，保留時間。
5. 透過記錄追蹤，觀察自己的進步與成長，就能對自己更有信心。

二、寫給剛進入職場的你

在熟悉工作的過程中，除了壓力，也要給自己成長的時間和空間。接受工作在有意義的同時，也勢必夾帶著諸多瑣碎但必要的小事。

從學生時代轉換身分，時間運用的型態也會突然有極大的不同。有別於學生時代的自由，工作時間成為你與公司的基本約定，在這個限制下，要怎麼規劃上班時間與所剩不多的個人時間，是社會新鮮人要面臨的第一個課題。

在工作上，可以試著擺脫學習者或新人的心態，以「時薪」角度思考自己的貢獻，另外，當發現自己已經「過度努力」，把所有私人時間都花在工作上時，也要有所警覺，因為生活與工作的平衡，才是能長久持續的秘訣。

除了公司給你的目標，不要忘記保有個人目標。希望在這份工作學到什麼？希望現在或未來，發揮怎麼樣的影響力？

▪「社會新鮮人」的五大時間管理重點

1. 善用工作待辦清單，透過每日的記錄與回顧，調整最適步調。

2. 面對雜事保持耐心，以「化零為整」的技巧，集中處理。

3. 為需要創意或專心的工作保留塊狀時間，讓自己進入心流。

4. 適時使用「截止日期效應」提升效率，也能自我檢測工作能力。

5. 確認自己的人生願望清單：對你來說最重要的是什麼。

三、寫給成為主管的你

這個階段最重要的學習，就是授權和放手。你已經具備傑出的工作能力，但是事必躬親，一定會累死自己或有所犧牲。

成為主管意味著擁有更多資源，也需要擔負更大的責任。不過，無論如何，比起一個人單打獨鬥，擁有團隊之後，能達成的夢想一定更遠大；此時，比起個人的優秀，更重要的是讓團隊可以互相支援，共同成長。

在前一階段，你已經是頂尖的高手，此時卻需要開始重新學習「授權」和「放手」。讓有能力的同事成為你的助力，不只會做，還要學會怎麼教，運用你的經驗，為新進的同事，預留犯錯與成長的空間。

適度退居幕後，把工作交付給他人，才不會讓自己到處忙著救火，一回神已經失去健康或與家人相處的寶貴時光。

▪「主管」的五大時間管理重點

1. 適度放手，對於細節的過度追求，將會錯失真正重要的目標。
2. 練習授權，你的工作是帶領團隊，而不是親自去完成每項小事。
3. 別成為團隊的保母，透過掛牌公告，保留不被打擾的工作時間。
4. 用錢買時間，這階段自由或休息的時間，很可能比金錢更寶貴。
5. 重新思考，並排除不需做的小事，把時間保留給真正重要的事。

四、寫給自由工作者的你

原以為脫離制式工作就能自由，其實每天直接面對經濟與未來的心理壓力，更加沉重。自由所需要的，是嚴謹而適度的自律。

之所以成為自由工作者，有時是個人決定，有時則是因為環境或某些狀況使然。儘管時間的決定權完全操之在己，卻很有可能會比上班時更加忙碌。因為工作與個人時間的界線消弭，導致沒日沒夜不斷接案趕場、或是家庭工作兩頭燒的狀況產生。因此，最重要的就是面對內心的恐懼與不安，先為工作與休息，劃出明確的界線，以免不知不覺成為第一個倒下的人。

此外，自由工作者更需要為自己訂出未來的目標，並作出嚴格的時間規劃。比如說，希望訂閱數可以達到多少人、可以買房子等等，時間上，工作與休息還是需要動態平衡。

▪「自由工作者」的五大時間管理重點

1. 更明確地擬定目標，必須知道自己接下來要做什麼、怎麼做。

2. 徹底思考自由工作者的選擇，與伴隨而來的代價。

3. 用預支時間的概念，為個人投資固定時間，訂定成長計畫。

4. 用強大的自律，完成任務同時徹底切分工作與個人的界線。

5. 適時放鬆，既然時間都是自己的，就依個人節奏安排好每一天。

五、寫給家庭照顧者的你

家庭照顧是一份幾乎沒有喘息空間的全職工作，尤其遇到家人年幼或久病的狀況，更是時時守候在側，膽戰心驚，情緒上也很緊繃。

很少有工作會像家庭照顧這樣，摻雜著濃厚的感情成分和沉重的責任感，無從逃避，也很難做出任何理性的切分。也因為這樣的矛盾，使得家庭照顧者成為最辛勞、也最常感到委屈的一群人，明明付出了一切，卻被視為理所當然，甚至連一句謝謝都很難聽到。

在這樣的情況下，請你更要成為自己的盟友，在傾盡全力的同時，千萬不要忘記疼惜自己。無論是給自己短暫的放空時間，倚靠宗教力量得到心靈上的慰藉，或是陪病過程中，和家人一起享用的悠閒下午茶，都可能成為辛苦日常中的光亮。

▪「家庭照顧者」的五大時間管理重點

1. 以先後順序為前提，預先將最主要的事情排入。
2. 創造短暫卻璀璨、與家人相處的美好片刻，累積彼此的回憶。
3. 每天給自己保留一小段無所事事的放空時光，練習發呆。
4. 以「一心二用」的概念，優化瑣碎但無可避免的日常事務。
5. 適時求援，把可以外包的工作分派給他人。

六、寫給人生下半場的你

有人說：「人生退休才開始。」在工作圓滿卸任、孩子也長大成人的階段，生活的整體重心，會出現極大的轉換。

當把個人時間和精力投注於工作、家庭上時，儘管疲倦或有所抱怨，還是能感到充實與回報。一旦失去了這些，所有重心回歸到「自己」身上，難免會頓時覺得悵然若失、無所適從。因此，退休後的生活，就是「與自己相處」的漫長練習。

台灣人的平均壽命已達八十歲，這表示退休之後，可能還有十五到二十年的時間需要度過，如果是孩子都可以讀到高中畢業、進大學了。這是全新的人生階段，而你，將擁有大把的時間，可以為美好的事物盡情浪費。

■「退休者」的五大時間管理重點

1. 至少維持一項運動習慣，健康是讓生活更順遂的首要條件。

2. 培養閱讀習慣，現代的知識隨手可得，也是刺激大腦的好方式。

3. 維繫人際網絡，適當的人際交流，對心理健康大有幫助。

4. 學習新事物，保持對生命的新鮮感，也有機會結交新朋友。

5. 還有後悔的事嗎？如果是可以完成的，現在就去做吧！

／	／	／	／	／
三	四	五	六	日

吳若權設計／製圖

《大人的青春，就該好好揮霍》讀者專用時間管理表

本週工作重點項目	日期	／	／
	星期	一	二
	當天重要 待辦事項		
	00：00		
	01：00		
	02：00		
	03：00		
	04：00		
	05：00		
	06：00		
	07：00		
	08：00		
	09：00		
	10：00		
	11：00		
	12：00		
	13：00		
	14：00		
	15：00		
	16：00		
	17：00		
	18：00		
	19：00		
	20：00		
	21：00		
	22：00		
	23：00		
	24：00		

◂電子檔下載

參考書目・延伸閱讀

- 《24小時全為己所用》池田貴將 著（悅知文化）
- 《5％一流人才的超效時間術》越川慎司 著（幸福文化）
- 《一週工作4小時》提摩西・費里斯 著（平安文化）
- 《人生四千個禮拜》奧利佛・柏克曼 著（大塊文化）
- 《反時間管理》瑞奇・諾頓 著（天下文化）
- 《心流》米哈里・契克森米哈伊 著（行路出版）
- 《每天最重要的2小時》喬許・戴維斯博士 著（大塊文化）
- 《你擁有世界上所有的時間》麗莎・布羅德利 著（方智出版）
- 《更快樂的1小時》凱西・霍姆斯 著（先覺出版）
- 《重啟人生》亞瑟・布魯克斯 著（天下雜誌）
- 《留白工作法》茱麗葉・方特 著（時報出版）

- 《逆思維》亞當・格蘭特 著（平安文化）
- 《期限效應》克里斯多夫・考克斯 著（采實文化）
- 《與成功有約》史蒂芬・柯維、西恩・柯維 著（天下文化）
- 《與時間有約》史蒂芬・柯維、羅傑・麥立爾、瑞貝卡・麥立爾 著（方言文化）
- 《達標》艾雅蕾・費雪巴赫 著（先覺出版）
- 《顛峰心智》阿米希・查 著（大塊文化）

（以上按書名筆畫順序排列）

Invitation

「你的一小段話，
將是我們成長的動力！」

吳若權讀友募集活動開始了，
謝謝你因為《大人的青春，就該好好揮霍》，
而成為我們的好朋友。
如果你對新書有任何建議，
或是對作者有想說的話，
歡迎在這裡留言喔。
我們也會不定期放入書中分享。

現正開放登錄中

成為好朋友，享有以下優惠：

✓ **搶先新書訊息不漏接！**

✓ **好康活動，第一個想到你！**

線上讀者問卷 TAKE OUR ONLINE READER SURVEY

因為生命有期限，
活著才更有寶貴的
意義。

——《大人的青春，就該好好揮霍》

請拿出手機掃描以下QRcode或輸入以下網址，即可連結讀者問卷。
關於這本書的任何閱讀心得或建議，歡迎與我們分享 :)

https://bit.ly/3ioQ55B

大人的青春，就該好好揮霍

不再窮忙，擁有富足

作者 吳若權 Eric Wu
責任編輯 鄭世佳 Josephine Cheng
許芳菁 Carolyn Hsu
責任行銷 朱韻淑 Vina Ju
封面裝幀 兒日設計
版面設計 鄭婷之 Z設計
內文構成 譚思敏 Emma Tan
校對 葉怡慧 Carol Yeh

發行人 林隆奮 Frank Lin
社長 蘇國林 Green Su

總編輯 葉怡慧 Carol Yeh
主編 鄭世佳 Josephine Cheng
行銷主任 朱韻淑 Vina Ju
業務處長 吳宗庭 Tim Wu
業務主任 蘇倍生 Benson Su
業務專員 鍾依娟 Irina Chung
業務秘書 陳曉琪 Angel Chen
莊皓雯 Gia Chuang

發行公司 悅知文化 精誠資訊股份有限公司
地址 105台北市松山區復興北路99號12樓
專線 (02) 2719-8811
傳真 (02) 2719-7980
網址 http://www.delightpress.com.tw
客服信箱 cs@delightpress.com.tw
ISBN 978-626-7288-99-3
建議售價 新台幣380元
首版一刷 2023年11月
二刷 2024年02月

國家圖書館出版品預行編目資料

大人的青春，就該好好揮霍／吳若權著. -- 初版. -- 臺北市：悅知文化 精誠資訊股份有限公司，2023.11
面；公分
ISBN 978-626-7288-99-3（平裝）
1.CST: 自我實現 2.CST: 時間管理
177.2 112017918

建議分類｜心理勵志、商業

攝影—謝文創 攝影協力—宋美芳 妝髮—張馨元
造型—游亦舫 髮型—楊牡丹
眼鏡造型—楊書維（玩・美鏡 02-87726679）